利益最大化
資金繰り安定
組織健全化

経営課題をすべて解決する

カイゼン思考

KAIZEN

川越貴博

現代書林

はじめに

あなたは「カイゼン」という言葉をご存じですか？

経営に携わる方であれば、当然、耳にしたことがあるでしょう。

では、その考え方や意図するところを本当に理解していると自信を持っていえるでしょうか？


カイゼンとは、トヨタ自動車が提唱したフレームワークであり、現場で行われているムダな作業やプロセスを見直し効率化していくことで生産性を向上する手法です。一般に「トヨタ式カイゼン」といわれています。

このトヨタ式カイゼンは主に工場の製造現場で、作業の安全性向上や作業効率を向上させるために活用されてきました。


大切なポイントは「改善」ではなく「カイゼン」と表記している点です。

漢字の「改善」には「悪いところを直す」といったニュアンスがあります。それに対して、カタカナの「カイゼン」には、「現状に満足しないでいまよりもさらに良くしていく」というニュアンスがこめられています。

現在では、カイゼンは日本だけではなく「KAIZEN」として海外でも広く知られており、そのコンセプトを取り入れている企業も少なくありません。

そして、興味深いのは、カイゼンの英訳が「Continuous Improvement（継続的改善）」であることです。カイゼンは継続して行うことに意味があるのです。

私は高校卒業後、トヨタ自動車に入社し、工場に勤務しました。そこで出合ったのがトヨタ式カイゼンでした。

最初はカイゼンを実行する側でしたが、やがてカイゼンについて指導する立場になり、社内環境をより良くする活動に熱中していきました。

トヨタ自動車で13年半お世話になったのち、民事再生中のパン製造会社でターンアラウンド・マネージャーとして経営の立て直しに取り組み、倒産寸前の状況からのV字回復を成し遂げました。

その後は**Amazonに転職し、世界一のEC事業者のスピード感と現場改革・改善の手法を学びました。**

さらにITのスタートアップ企業2社の役員を任されたのちに、自ら起業しました。

冒頭の質問に戻りますが、実は**経営者の多くはこのカイゼンという言葉を知っています。**自社で実践している経営者も少なくありません。

しかし残念ながら、**多くの方々がその解釈を間違えています。**

カイゼンとは、製造現場において、単に業務効率化するための取り組みではありません。現状を正しく認識して課題を見つけ出し、解決策を速やかに実行へ移し、その結果を検証していくのです。そして、このサイクルを継続することで経営効率を上げていくフレームワークなのです。

多様な業種・業界で、さらに経営のあらゆる場面で活用できます。私はそれを「カイゼン思考」と呼んでいます。

手段やアイデアという〝部分〟を近視眼的に見るのではなく、思考の〝全体像〟を理解することが重要です。
カイゼン思考のステップは次の5つです。

①見える化する
↓
②目指すべき姿を決める
↓
③予測する
↓
④行動する
↓
⑤評価する

このなかでも、カイゼン思考に不可欠なのが⑤の評価です。
評価には「自己評価」「費用対効果評価」「第三者評価」があります。

行動・実行した後に、いろいろな角度から正しい評価を加えることで、瞬間風速的な改善ではなく、継続的なカイゼンにつなげていくことができます。

そして、**この手法は企業の業種や業態、規模に関係なく有効です。**

いま本書を手に取っていただいているのは、さまざまな経営課題を抱えて悩んでいる中小企業の経営者の方でしょうか。

あるいは、スタートアップ企業をどう成長させていけばよいのか模索している起業家の方かもしれません。

いずれにしても、共通する思いは「失敗したくない」ということでしょう。

そうした方々にこそ、「カイゼン思考」のノウハウをぜひ身につけていただきたいのです。この思考の本質を理解して実行すれば、失敗の確率は劇的に下がります。

カイゼン思考は決して難しい手法ではありません。

本書でも触れていますが、たとえば会社の資金繰りは本質的には家計のやりくりと一緒です。〝経営課題の解決〟というとハードルが高く感じるかもしれませんが、それを日常生活に置き換えてみれば、考え方の道筋はきわめてシンプルです。

とにかく、まずは「実行」してみて、ダメだったら何がダメだったかを可視化して、次はアプローチを変えてみます。

「カイゼン思考」はシンプル思考であり、実体験思考なのです。

本書では、カイゼン思考の全体像を解説した上で、とくに「利益最大化」「資金繰り安定」「組織健全化」に絞って事例を紹介していきます。

倒産寸前の会社を1年半で黒字化、年間2000万円の人件費削減、2桁台だった離職率を5%以下にするなどの成果が得られています。

では、経営課題の解決に直結する「カイゼン思考」について、ここから少しずつ説明していきましょう。

2023年9月

川越貴博

目次

Part 1 「カイゼン」から「カイゼン思考」へ

Part 2

あらゆる経営課題を解決するフレームワーク「カイゼン思考」

Part 3

カイゼン思考で、売上アップ&利幅アップ

Part 4

カイゼン思考で、資金繰りを安定させる

2 みなし残業の支払いを見直すカイゼン――128

Part
5
カイゼン思考で、健全な組織をつくる

Part 1

「カイゼン」から「カイゼン思考」へ

私がどのように「カイゼン思考」を身につけ、経営課題の解決に活用してきたか。まずは、ときに寄り道しながら、個人的なバックボーンの紹介から始めさせていただきましょう。

それによって、カイゼン思考がきわめてシンプルかつ実践的な考え方だということを理解していただけるのではないかと考えるからです。

行動の前に思考を巡らすような野球少年だった

私は野球少年でした。小学1年から高校3年までの12年間、野球漬けの日々を過ごしました。中学までは出身地である大阪で野球に明け暮れ、高校はいまでは甲子園常連校になった山梨の日本航空高等学校に進みました。

日本航空高校は私が入学したころはまだ弱小高校でしたが、1年のときに監督が変わって激しい練習が日常的になってからレベルが上がり、強豪校の仲間入りを果たすようになっていきました。私自身は、最後の夏は県大会の準決勝で負けてしまい、甲子園出場には手が届きませんでした。

当時の野球部はご多分にもれず鬼のように厳しい環境下にありました。監督や先輩の命令は絶対ですし、いまの時代なら完全アウトになるようなスパルタ的な指導も日常的な光景でした。

ただ、高校の監督は私に対して野球をよく知っている人間だという認識で接してくれていました。

いま振り返ってみると、私は幼少期から何かをするときはまず思考を巡らすような子どもでした。考えなしに何かに取り組むことはなかったような気がします。

そういう思考を小学校時代の少年野球の監督に叩き込まれました。野球のルールはもちろん、「こういう場面のときはこういう判断をすべきだ」ということをすごく教わり、判断能力のようなものを養っていただきました。

そういう意味ではもともと行動するときにはまず思考を巡らすという習慣がついていたのかもしれません。

家庭の事情もあって、野球の道は高校で断念することになりました。

もちろん、奨学金を借りて大学に進学して野球を続けるという選択肢もありましたが、「何もなし得ていないうちから借金をするのってどうなんだろう？」と高校生ながらそういう考えがあり、就職することを決めました。

「トヨタ式カイゼン」のフレームワークに出合う

当初、就職は地元大阪でと考えていましたが、学校の求人票のなかに大阪の企業が見当たらず、大阪からいちばん近い場所で求人があったのが愛知県でした。

愛知県の企業のなかでは当時三菱自動車とトヨタ自動車があり、親の勧めもあって、トヨタ自動車に行くことに決めました。

トヨタ自動車では愛知県みよし市の工場に配属されました。大卒であればいろいろな部署を選択できますが、高卒の人間はほぼ１００パーセント工場勤務が決まっていました。

トヨタがまさに世界へ進出していこうとしていた時代で、マークⅡやカローラなどのセダン系車種が人気でした。

配属された工場は自動車の足回り部品を作る工場で、私はエンジンやタイヤなどのボルト関係を製造する作業に従事することになりました。

コイルになっている鉄を常温のまま自動プレス機で高圧をかけてボルトに成型していく、いわゆる冷間鍛造という方法でボルトを製造する部署です。

トヨタの生産現場はスピード感と品質へのこだわりが半端ではありませんでした。

そこで出合ったのが「トヨタ式カイゼン」でした。

新入社員研修の時点からトヨタ式カイゼンを叩き込まれました。

カイゼンは、トヨタ自動車の創業期からの価値観をベースに従業員の行動規範としてまとめられている会社経営の根底にある哲学なのです。

新入社員研修では集団行動や、前日あったことを全員の前で大声で話す「1分間スピーチ」などが印象に残っています。

そして、研修のさまざまな場面に、「あなたならどうしますか?」というカイゼン思考を養うような教育が散りばめられていました。

たとえば、**トヨタの思想の一つに「製造業は現地現物が基本」という考え方がありま****す。現場・現物・現実を重視する「三現主義」**という言葉もあります。

新入社員研修でも、工場に連れて行って現場を見せて、「あなたはどう感じましたか？」「どういうところが良くてどういうところがダメでしたか？」とこちらの思考を促すような教育が行われます。

現地に行って現物を見て触らせて「いまの状態はどうなのか」ということを考えさせま**す。そういうところからカイゼンを常に意識させる仕組みがある**わけです。

周囲の先輩たちはしっかりと教育されているのでカイゼンが身についています。私たち新人とはケタ違いのスピードでカイゼンを実践し検証していきます。

ＰＤＣＡを回すスピードが全く違うので、私はついていくだけで精一杯でした。

私が工場に配属されて最初に取り組んだカイゼンの活動は次のようなものでした。

工場内のある通路のスタッフが歩く動線に配線のコードがありました。コードは剝き出しで歩くのに邪魔だし危険でした。

そこで、人が躓いたり台車が引っ掛かったりしないようにと考え、コードにカバーを付けました。

これをすることで、実際に躓く人が減りました。台車が止まることもなくなりました。注意することなくそこを通行できるようになったという改善効果がありました。これが私の最初のカイゼンでした。

個人レベルの〝創意工夫〟が広がればカイゼンになる

トヨタ自動車には、職域やキャリアなどには関係なく、カイゼンのアイデアをＡ４の紙１枚に書面化してまとめ、提出すると１枚につき５００円の報酬がもらえるという仕組みがありました。

それも**単にアイデアを出すだけではなく、実行して、その結果や費用対効果を書面に落としてアウトプットし、他の社員に評価してもらって、どういう内容だったかを評点してもらう**のです。評点によって報酬の金額が変わります。

一方、まだ実施されていない構想段階のカイゼンには報酬が一切出ません。アイデアを出しただけでは、現実は何も変わっていないからです。

どんなに小さなカイゼンでもいいので実行し、それに対して費用対効果がこれだけありましたと可視化することが重視されていました。


この場合の費用対効果は、大袈裟なものではありませんが、客観的な数字で示します。

前述の配線コードの例でいうと、そこを通り過ぎるのに気にしながら歩いていたら1回30秒損していました。そこを1日10往復するのであれば300秒損することになります。

それが解決されれば、1日300秒分の儲けが増えます。それが年間になればこれくらいになると示すわけです。

それに対する費用は、配線コードのカバーの単価はたかだか100円でした。それを差し引いて費用対効果はこうなりますと、小学校の算数のレベルの計算で十分です。これなら誰にでもできます。


こうした身近なカイゼンは〝業務改善〟などという大袈裟なものではありません。いわゆる〝創意工夫〟の範疇です。

実際、こうしたカイゼンに対して報酬を出す制度は多くの企業も取り入れていますが、トヨタ自動車ではこれを「創意工夫提案制度」と呼んでいます。

個人で行う創意工夫でも会社規模になれば大きな効果をもたらします。トヨタ自動車の従業員は約8万人ですから、一人が1000円分のカイゼンをすれば、会社全体では8000万円の儲けになるというわけです。

私が取り組んだのは小さな創意工夫の延長でしたが、これをやり続けたことで、カイゼンのポイントを見つける目が養われていったのです。

カイゼンは現場発のボトムアップ型の活動

トヨタ自動車の工場時代で最もインパクトが大きかったカイゼン活動は、「廃油の再利用」についての提案でした。

機械を動かすのに潤滑油を使いますが、機械から漏れ出ているものは廃油として廃棄していました。それを濾過して再利用するカイゼンの仕組みを提案したところ、かなりの報酬をいただけました。

その評価が上層部まで報告され、工場全体に横展開されることになりました。そうした実効性のある提案をできたことは強く印象に残っています。

その発想は、いまの時代にいわれる再生可能エネルギーなどという大それたものではありませんでした。

潤滑油が漏れて早くなくなると注ぎ足さなければなりません。その作業が面倒だったので、「ポロポロこぼれている油を拾ってまた使えばいいのでは」と考えたわけです。

ただ、これを単なるアイデアとして上司などに提案してもなかなか実行にはつながりません。

ですから、勝手に自分でやってみて、形にして見せたわけです。

まず、そのへんに余っている回収ポンプみたいなものを勝手に持ってきて、ポンプとポンプを機械の出口と入口につなげて、漏れた油がまた機械に戻ることを確認します。

そういった回収システムみたいなものを作れば再利用できることがわかった段階になっ

て初めて、上司や他の部署に相談に行きました。周囲の人たちは「あいつが勝手に何かやっているぞ」という感じで黙って見守ってくれていました。

現場で働いている一介の作業員ですから、会社の予算を持っているわけでもないし決定権もありません。ある程度形にしなければ説得力がないし、周りも動いてくれません。

トヨタ式カイゼンは、従業員が経営側からの指示で行う活動ではなく、現場で働く従業員が意見やアイデアを出し合いながら、現場がより良くなるように自ら作業のやり方を変えていくボトムアップ型の活動です。

カイゼン思考のある従業員が育てば、企業は成長する

カイゼンの面白さに魅せられた私は、グループ（QCサークルなど）でのカイゼン活動にも意欲的に取り組むようになりました。

一から資料を作成して大規模なカイゼン提案を行い、それが**工場内のコンテストで最優秀賞となったり、愛知県のコンテストでは県知事賞をいただいたりなどの成果を出しました。**

入社10年が経ったころに、私はエキスパートという役職をいただきました。これは技能系のチームリーダー的な位置づけです。

このころから私はライン設計やカイゼンのレクチャーに携わるようになり、自分が働く環境をより良くする活動にさらに没頭していきます。

教える立場になって感じたのは、トヨタ自動車の教育システムがいかに優れているかということでした。

私のような野球一筋で、高校時代は真剣に勉強をしてきていない人間でも、ちゃんと腹落ちさせるような教育理論になっていますし、トヨタ自動車ならではの「自分で考える」という風土につながっています。

たとえば、トヨタではほぼ3年に一度の昇級昇格試験があり、そのための教育があります。

そこではまずトヨタの理念や各レベルで求められる技量など概念的な教育を受けますが、次のステップでは標準3票（トヨタ生産方式の標準作業に不可欠な工程別能力表、標準作業組み合わせ票、標準作業票の3点セット）をどう作るか、さらに自分の職場で標準3票を作って業務をどうカイゼンするか、平準化するかを実践で示します。

管理手法も含めてこうした教育システムの存在が、トヨタ出身の人材が業種業態関係なく他の企業でも通用する理由なのだということに退職後に気づかされました。

トヨタの社員は自ら思考を巡らせて自分で問題解決ができます。周りの話を聞いても、社員のレベルが段違いに凄いということを感じます。そこがトヨタ自動車の最大のストロングポイントです。

こうした**カイゼン思考を身につけた従業員がたくさん育っていけば、企業は間違いなく成長します。**

民事再生中の企業のターンアラウンド・マネージャーに

こうして充実した日々を過ごしていましたが、あるとき私は家庭の事情で東京に移住することになりました。

東京でもトヨタ自動車で働ければ、と考えたのですが、残念ながら東京には支社・支店機能があるだけで工場はありませんでした。自分の経験が生きる部署では働けないので、退職することを決意しました。

世界一の企業を辞めるわけですし、「トヨタの従業員」という特権的な感覚もある。もうこれ以上の損失はありません。上司の反応も、「トヨタを辞めるなんて信じられない」というものでした。

トヨタという会社に守られていることは理解していたので、辞める以上はさらにステップアップするために、自分に地力をつけなければならないと考えました。

そこで、トヨタ在籍中に今後必要になるだろうと思われる資格をいろいろと取得して転職活動に備えました。まずはビジネス実務法務、ファイナンシャルプランナー（FP）、さらにメンタルヘルスマネジメントの資格も取得しました。

なぜ、こうした順番で取っていたのかというと、トヨタを辞める以上、10年以内に起業して経営者になることを目指そうと決めていたからです。

結局、トヨタには13年半お世話になりました。

東京での転職先は民事再生中のパン製造会社でした。

就職活動はエージェントにお願いしていたのですが、「生産管理部門を立ち上げてほしい」とのミッションで社長直下での勤務という会社がある、という触れ込みでした。

生産管理の部署の立ち上げはすでにトヨタで経験していたので目新しい仕事ではなかったのですが、〝社長直下〟というポジションに魅力を感じました。

「経営の勉強ができるんじゃないか」と考えたのです。

この会社が一度破綻していて、そのときは民事再生中だということは入社してから知りました。

社長直下だったので、決算書などを見せてもらい経営状態を詳しく調べました。トヨタ時代に財務的な勉強もしていたので、**その会社の経営の実態はすぐに理解しました。とんでもない状況でした。原価率95%。まさに火の車です。**

「生産管理部署を立ち上げる」という生ぬるいことをいっている場合ではないと考え、私は「ターンアラウンドをやらせてほしい」と社長に直訴しました。

そして、**ターンアラウンド・マネージャーとして事業再生に取り組むことになった**のです。

○経営再建はシンプル

当時、ターンアラウンドの知識やノウハウは全くありませんでした。思考は単純でした。お金がないのなら儲ければいい。売上を増やして、無駄な出費を削ればいいだけの話です。

家計を管理するのと同じです。そもそも給料が少ないのか、給料はそこそこあるけれど無駄な支出が多いからダメなのか、と自分の実体験に照らしてそのバランスを分析し、**社長や社員に実態を伝えて経営再建への道筋を伝えていきました。**

まずは生産管理部門を立ち上げ、さらに財務、人事、営業など、すべての部門を社長直下で見させてもらいました。

急いで経営状況を改善させないと、会社は潰れてしまいますから、どんな手を使えばどのコストをどれだけ抑えられるか、さまざまな可能性を探っていきました。


当時、私はまだ30代前半。周りの社員はみな年上です。

「なんで、入社して間もない若造に偉そうにいわれなければならないのか」

「これまで自分たちがやってきたスタンスを崩さないでくれ」

多くはそういった反応でした。

しかし、そもそも後ろ向きのスタンスで続けていても何も解決しません。

事業を再生するためなら、べつに嫌われてもかまわないと思い、私のやろうとしていることを懇切丁寧に説明していきました。


それでも刺さらない人には刺さりません。ただ、一部には目の色の変わった人もいました。

その目を輝かせた人たちをどうやって多勢にしていくかをまず戦略の一つにしました。

役職や勤続年数などの垣根は全く関係なしに、私の提案を理解して前向きに捉えてくれた人たちだけを残そうと考えたのです。

目の色を変えて頑張ろうとなったのは、最初は全社員60人中わずか3人だけでした。それも営業の若い社員1人とアルバイトの子2人です。

でも、若いからこそ、「この会社、このままではヤバいよね」という鋭敏なセンサーと危機感を持っていました。

そこに私自身も感銘を受け、一緒にやっていこうと決めたのです。そして、徐々に上の人間も切り崩していこうと考えました。

それは根気のいる作業でした。

経営状態を数値化して客観的に評価する

私の戦略は、とにかく主観を排して経営状態を数値化して示し、客観的に評価するというものです。このやり方をどんどん導入しました。

環境に甘えている人間には反論できないような状況に持っていったわけです。

たとえば、「売上が3億で、それに対して使っているお金がこれだけあります。単純に足りていませんよね」とまず説明します。

さらに、「では、売上が少ないことが問題なのか、売上に対して出費が多すぎることが問題なのか、どっちだと思いますか?」といったことを、営業やマーケティング、総務、コスト管理をしている部署、工場などで調査させました。

こうして問題点を見える化していくと、当然ながら売上も足りないし、出費も多すぎるという結論になります。

では、「売上を増やすためにどういうアクションが必要だと思いますか?」と考えてもらいます。

コストについては、「たとえば、この経費を減らしたらどのような副作用があると思いますか?」と検証していきます。副作用がなければ、そのコストをカットすればいいわけです。

このように進めていくと、どんどん主観的な理由が取り除かれていきます。

たとえば、この会社では創業当時から付き合っている仕入れ先がありました。その仕入れ先に問題があっても、「長い付き合いだから」という話になってくるわけです。

そこで、「健全なお付き合いができていますか？」「向こうの言いなりになっていませんか？」と疑問を突きつけて考えてもらいました。

○作れば作るほど赤字が増える構造

販売の方では、**大手のOEM商品の問題**もありました。

当時、このOEM商品は売上の40％を占めていました。

その製品に対する原価計算をして、売上に対してどのくらいの費用を使っているかを調査したところ、**ほぼすべての商品が逆ザヤ**だったのです。

製造コストがかかりすぎていて、作れば作るほど赤字が増える構造になっていたわけです。その状況に当時の担当者は気づいていませんでした。

「OEM先が大きな企業だし、昔からの付き合いなので価格交渉はできない」

「これだけ大きな会社と取引ができているのは、うちの会社の信用になっているから」

そんな訳のわからない説明を受けました。

客観的に見れば、そもそもその注文をとってくるべきなのかどうかを考え直さなければなりません。

価格の見直しを交渉しましたが、「卸値は変えられない」ということでした。かといって、40%の売上を飛ばすわけにもいきませんし、そのへんは一定程度理解できます。

そこで、どうすれば儲けを出せるか、会社を挙げて考えることになりました。

まずは、トヨタで学んだことを活かし、製造の標準作業を可視化することから始めました。標準3票を作って、それぞれの手順を分析し、どのくらいのバラツキがあり、どう品質に影響するのかを明らかにしました。

その上で、**OEM先の担当者も工場に呼んで説明・提案**を行いました。**経営状態を正直に話して、品質に影響のないものからカイゼンしたいと申し入れ**ました。まず、**商品の包装紙を安価なものに変えさせてほしいと提案**しました。

また、一日に製造する量を増やせば一つあたりの単価は落ちます。そこで、パンは発酵食品なので難しいのですが、**品質を落とさずに生産量を上げる方法を考えました。**

「水の配合などの調整をしながらスピードを上げて機械に通せば、このくらいの分数なり秒数で発酵するので、このタイミングで出して温度や時間をこう設定すれば、前と変わらない品質のものが仕上げられます」

このように、**一度卓上でシミュレーションし、さらに現場でテストして披露**しました。

○わずか1年半で黒字化

重要なのは、感情ではなくロジックです。

このように**「カイゼン」を見せたことで、OEM先には「この会社は信用できる」と思っていただき、これ以降、受注量が一気に増えました。**

こうした会社の評判は業界でも噂になるのでしょう。さらに、**某有名コンビニチェーンからもお声がけいただき、この2本の柱ができたことによって業績は一気に回復**したのです。

結果的に、初年度で原価率を70%くらいまで下げることができ、1年半で黒字化し、経営が安定しました。

最終的には原価率を60%まで下げ、一般的なサプライヤーの水準にまで持っていくことができました。

60人いた従業員は最終的には24人になっていました。**でも、一人あたりの労働時間自体は増えていません。**

ただ、これでも予想したより人は多かったのです。それまでフルタイムで雇用していたのを、たとえば4時間ずつのパート勤務に分割したり、シフト制に変えたためにまだ人はやや多いのですが、**労働時間や生産性は全く変わっていません。むしろ、売上や受注量は増加しているので生産性は上がっていました。**

Amazonに転職、さらにスタートアップ企業をサポート

パン製造会社には4年ほど在籍して、私は再び転職することになります。

当時、ＩＴに関心があり、またＥＣサイトの黎明期でもありました。

そこで、次の職場に選んだのがＡｍａｚｏｎでした。

配属されたのは、最先端のシステム・設備が導入されたＡｍａｚｏｎの物流拠点であるフルフィルメントセンター（ＦＣ）です。

自社や３ＰＬ（物流機能の委託業者）のスタッフのマネジメントを総合的に行うポジションで仕事をさせていただくことになりました。


Ａｍａｚｏｎにもトヨタウェイのような行動指針がありました。14か条からなる「リーダーシップ・プリンシプル」というものです。メンバーは常にこれを基準に物事を考えます。


驚いたのは、外資系でドライなイメージがあったのに、マインドはむしろ日本的な印象だったことです。

たとえば、よかれと思い、現場でさまざまな提案やカイゼンをしていたところ、「お金はかかっていないし効果がすごくあるのはわかる。だけど、周りを巻き込んで整合性をとってからやるべきだし、当然、上司の承認も必要だ」といった感じでした。

それまでとは少し違う環境にアウェイ感を抱きながら、1年ほど在籍しました。

Amazonは当時から最新のソフトウェアやIoTを積極的に導入しており、そのへんを吸収しようと意識していました。

また、それまで勤めた会社ではB to Bの商売しか見てきていませんでしたが、AmazonはB to Cのビジネスモデルで、コンシューマーのニーズへの対応やスピード感などを目の当たりにしてとても勉強になりました。

非常に特殊な企業で、現場で要求されるレベルもスピード感もケタ違いでした。

また、世界一、多国籍・多言語の会社だと感じました。たとえば、システムが不具合を起こすとインド人にコンサルするのですが、英語ではなくヒンドゥー語のような言葉に翻訳しなければなりません。英語で資料を作ったり、スピーキング、リスニングも日常的に行っていました。

そういう環境に身を置けたのも貴重な経験でした。

Amazonには入社するときから自分のなかで裏テーマを決めていました。どういうソフトウェアを作り上げていて、それがどういうロジックになっているかなど、自分が起業するときに備えてシステムの構造を理解することが大きな目的でした。

Amazon退職後はITのスタートアップ企業2社の役員を任せていただくことになりました。

そこで最も学んだのは企業の資金繰りについてです。

株主や銀行に対して事業のプランニングなどを説明する際も、カイゼン思考がなければ相手を説得できません。

「当社はいまこういう状況で、こんな姿を目指しています」

「そのために現在こういうアクションをとっています」

「それに対してわれわれはこう評価し、こう分析しています」

資金調達のための説明を行う際も、まさにカイゼン思考のフレームワークが活かされました。

既存の企業の事業再生とはやや違って、スタートアップ企業の経営者にとって最も重要なのは「お金を人からお預かりしている」という感覚です。

それに対して、どのような成果を上げて、どんな価値を提供できるかを考えなければなりません。0を1にするために、どのような信憑性を与えて、どう行動できるかを意識していました。

　エンジニアやデザイナーといったそれまで触れたことのない職種の方とも出会いましたが、そういった職種にもカイゼン思考は通用するという認識を得ることができました。

○「現地現物」の哲学

　こうして、トヨタ自動車に始まり、ターンアラウンドやスタートアップなど多様な立場・環境でカイゼンのノウハウを学んだ経験を経て、私は一念発起してＴＥＳＩＣ株式会社を立ち上げました。

　案件内容は多岐にわたります。

　メーカーの案件では業務プロセス改善が中心になります。標準作業の作り込みなどはトヨタ式カイゼンを応用して顧客ごとにアレンジします。

　物流系ではオペレーション管理やＳＣＭ管理（サプライチェーンマネジメント）、システム系などの相談を受けています。

　ときには、組織改革の相談も受けます。財務や営業、マーケティング、人事評価や採用などの案件の依頼もあります。
また、スタートアップの資金調達面のサポートも行っています。

こう説明すると、「コンサルタント」をイメージする方もいるでしょう。でも、私は「アドバイザリー」という呼称にこだわっています。

コンサルタントは会社に入り込んで業務改善を行いますが、アドバイザリーはカイゼンの本質を理解していただいて「自分たちで」取り組めるようにお手伝いをする存在です。

現状を把握しプランを立てて提示するというのがコンサルティングの常道なのですが、私の場合、そうしたやり方がどうにも性に合わないのです。おそらく、トヨタイズムが染みついているのでしょう。

実際、当事者である企業側が動こうとしなければ、何も始まらないし、現状は全く変わりません。

私のやり方は、トヨタの「現地現物」の哲学に従って、まず現場に足を運んで状況を見せてもらいます。可能であれば現物にも触らせてもらいます。体験させてもらい、時間軸に沿ってプランを作り、クライアントと一緒に動いていきます。

こうすることで私自身にも当事者意識が生まれてきます。自分自身の利益以前に、クライアントの利益を最大化しようという意識が強まります。

その後は、基本的に口を挟まずに現場の当事者に取り組んでいただき、必要に応じて私が軌道修正のヒントを提示していきます。

このように、指導ではなく、あくまでもクライアントに「寄り添う」ことを重視してサポートするというスタンスを大切にしています。

いっときの問題解決で終わるのではなく、カイゼンのプロセスを通してクライアント企業にナレッジが蓄積されて、その後は自走できるようにサポートすることが大事だと考えています。

これまで100社以上の企業とお付き合いさせていただいていますが、それぞれの企業風土なども踏まえながら、当事者意識を持って助言することを心がけています。

Part

2

あらゆる経営課題を解決するフレームワーク「カイゼン思考」

生産性の向上を目指すトヨタ式カイゼン

本書のテーマである「カイゼン思考」を詳しく説明する前に、考え方のベースとなる「トヨタ式カイゼン」について改めて確認しておきましょう。

カイゼンの目的は「業務効率化による生産性の向上」です。そのためには作業におけるムダを省かなければなりません。そこで、業務の内容やプロセスなどを見直すことをカイゼンと呼びます。

カイゼンは日本の製造業界で生まれた考え方なので、主として工場の製造現場で作業の安全性や作業効率を向上させるために活かされてきました。

トヨタでは、トヨタ自動車が生み出した工場での「トヨタ生産方式」を支える根幹となる従業員の行動規範として最重要視されています。

トヨタ式カイゼンでは、製造過程で効率化を妨げる要素を7つに分類しています。すなわち、加工のムダ、在庫のムダ、作りすぎのムダ、手持ちのムダ、動作のムダ、運搬のム

ダ、不良・手直しのムダ、です。カイゼンは、作業工程におけるこの7つのムダを排除することを基本としています。

トヨタ生産方式を構成する要素の一つが、「ジャストインタイム（JIT）」という考え方です。これは「必要なモノを、必要なときに、必要な分だけ」生産して供給する仕組みです。

トヨタ式カイゼンは考え方の原理原則なので、手段・手法にはとくに決まったマニュアルはありませんが、一般的に基本的な流れは次のようなものです。

① 現状を把握して課題を見つける

カイゼンは自社の現状を把握することが出発点です。見える化によってカイゼンすべき課題を洗い出します。とくに、現場での異常を見える化する仕組みを「目で見る管理」ともいいます。

↓

② 課題解決のためのアイデアを出し合う

課題がはっきりしたら、どの課題を解決するか優先順位を決めて、解決策のアイデアを出し合い、チームで議論します。

↓

③カイゼン案を実行する

カイゼン案が決定したら、それを実行に移します。カイゼン案に従って正しく実行できているか確認することも必要です。

↓

④評価・修正する

予想どおりの効果が得られたかどうかを評価します。効果が出なかった場合は、何が悪かったのかを明らかにして、カイゼン案を修正します。期待した効果が得られた場合でもさらにより良い状態を目指してカイゼン案をバージョンアップします。

評価・修正ののち、①の現状把握に戻ってＰＤＣＡを回し、継続的カイゼンを行います。

トヨタ式カイゼンはそのロジックを理解すれば、あとはそれぞれの企業に合わせてカスタマイズして活用することができます。

カイゼンに関してトヨタが徹底していたのは、「決めたら実行する」ということ。そして、「カイゼン効果の検証をする」ということです。

業務改善に取り組んでいる企業は星の数ほどありますが、思うような結果が出ていないことも少なくないでしょう。

そうした場合は、この**「実行」と「評価」のどちらか、もしくは両方が欠けているのか**もしれません。

「カイゼン思考」は経営のあらゆる場面で有効

このようにカイゼンは、もともとは製造現場での作業効率化を実現することが主な目的でした。

しかし、決してそれだけではありません。

企業の売上&利益アップ、資金繰りの安定、組織の健全化など、ありとあらゆる経営課

題を解決することができます。

そのためのフレームワークとして提案したいのが「カイゼン思考」です。

これは、トヨタ式カイゼンに私なりの解釈とアレンジを加え、手順をまとめたものです。

カイゼン思考は、事業再生を目指す企業やスタートアップ企業など、業種・業態・企業規模を問わず有効な考え方・手法です。

改めて、「カイゼン思考」の5つのステップを整理しておきます。

これはトヨタ式カイゼンをベースとし、そこをアップデートしたものと考えてください。

トヨタ式カイゼンと同様に、私がとくにこの手法のキモとして重視しているのは、ステップ④の「行動」です。

そして、行動した後にいちばんのキーポイントになるのがステップ⑤の「評価」の部分です。

いろいろな角度からの評価を加えて初めて、自分の思考や行動が本当に正しかったのかどうかが可視化できるのです。

カイゼン思考ステップ ① **見える化する**

カイゼン思考のスタートは自社の現状を把握して、解決すべき課題を洗い出すことです。見える化にあたっては、トヨタ自動車の現地現物という考え方が大切です。課題をしっかり認識するには現場を見る必要があります。

見える化は主観を排して、客観的・定量的に行う必要があります。これは現状とステップ②の「目指すべき姿」とのギャップを明らかにする作業でもあります。

カイゼン思考ステップ ② **目指すべき姿を決める**

現在の経営課題を解決した先にある「あるべき姿」を決めて、具体的な目標を設定します。

現状を正確に把握しなければ目標設定に意味はありません。ですから、ステップ①とステップ②はセットです。

カイゼン思考ステップ ③ **予測する**

まず、目指すべき姿に至るための具体的なアクションプランを決めます。そして、その行動を起こしたのちに自社がどう変化するのかを予測します。

ここでは望んだ効果が得られるであろうという希望的な未来の着地点を予想するだけではなく、最悪の事態も想定しておく必要があります。

カイゼン思考ステップ ④ 行動する

重要なのは、とにかく行動することです。

どんなに優れたアイデアを提案しても、実行が伴わなければ絵に描いた餅にすぎず、結果がわかりませんし、現状を変える力は全くありません。最初は完璧なプランではなくてもいいので、まずは行動に移すことが大事です。

アクションプランを実践した結果、どのくらい改善されたのかという変化を把握するために、実施前後の状態を数値化して記録することも大切です。

カイゼン思考ステップ ⑤ 評価する＝A：自己評価、B：費用対効果評価、C：第三者評価

行動して得られた結果が予測に対してどうだったかを正しく「評価」することが不可欠です。

評価には、自己評価、費用対効果評価、第三者評価の3つがあります。

たとえ自分では効果が得られたと思っても、その成果が費用に見合ったものでなければ成功とはいえません。さらに、外部の人がどう評価するかという視点も重要です。

カイゼン思考は、この5つのステップを継続的に繰り返し、より良い経営環境の実現に向けて進んでいく取り組みです。

では、ここからは各ステップにおいて何を行うかについて、前述したパン製造工場（A社とします）の事業再生の経緯などをサンプルに挙げながら、一つずつ説明していきます。

カイゼン思考ステップ①
「見える化する」

まずは「見える化」、つまり現状把握です。

ここで気をつけなければならないのは、問題が明らかな場合もありますが、隠れている場合も多いということです。また、「見えているつもりで見えていない」という場合もあります。その現場にいると当たり前の光景なので、それが普通になってしまっていることが少なくありません。

ここで**重要なポイントは、「本当に必要な情報が見えているかどうか」**です。推測や主観の混じった現状把握では正確な分析をすることはできません。

見える化したと思っている情報にバイアスがかかっていたり、見る人の立場によって左右されるような現状認識に引きずられると、逆に問題の本質を見失ってしまうことになります。

前述したＯＥＭ販売先との原価割れ販売のように、「取引していることが信用になっているので、そこは赤字でもいい」という誤った認識が常態化しているケースも少なくありません。

やはり、良いことは良い、悪いことは悪いというシンプルな選別をしないと正しく可視化はできません。

「見える化する」というのは表面的に見えるようにすることではありません。**経営してい**

く上で正しいか正しくないかの判断基準は「利益が出ているか出ていないか」です。

そのへんを総合的に見て、現状を洗いざらい出して、**会社の利益に貢献しているかどうかの客観的な判断材料をテーブルに上げることを「見える化」と表現**しています。

前述の仕入れ先の話も同じです。付き合いが長いとかしがらみがあるというのは高い仕入れを続ける理由にはなりません。

そうした抽象的な判断基準ではなく、定量的な指標で可視化して現状を把握することが重要です。

○「部分最適」ではなく「全体最適」

会社の経営状況を「見える化」する際には、まず経営者自身が異常値に気づく必要があります。全体の財務状況や販売状況、コスト状況をしっかり把握できているかどうかが肝心です。

そこを把握せずに、ある部署の部下に「ここの数字がおかしいじゃないか」などと指摘したところで、誰もついてきません。

「こういう分析をして、会社の利益に貢献しているかどうかという基準で選別したところ、ここに利益をもたらしていない群があることがわかった」

これを示した上で、責任部署の部下に対して、「どこにボトルネックがあるのかを調べてほしい」と指示するのが正しいわけです。

トップが人任せでは説得力がないし、部下は動きません。

全体を把握できるのは経営陣しかいません。**各部署に任せると、どうしても組織の一部や個人にとって最適な状態を優先する「部分最適」になってしまいがちです。企業の利益を最大化させるためには、全体を見渡せる経営陣が企業や事業など組織全体を最適な状態にする「全体最適」を目指さなければなりません。**

○入ってくるお金と出ていくお金を見る

経営状況を分析する数字として財務三表などがありますが、考え方としては家計簿と同じです。まずはキャッシュフロー。現金がどういう動きをしているのかを把握します。財務三表でも収支の管理が最も大切です。入ってくるお金と出ていくお金を、売掛金買掛金などのリードタイムも含めてしっかり把握しておくことが必要です。

たとえば、大口の取引先だからつかまえておきたい。でも、支払サイトは200日だったらどうでしょう？

その間に日々人件費は発生しますし、製造原価や材料費、管理費などが掛かってきます。さらに、資金繰りが回らないので金策に走ることになります。そういう時間も無駄です。

考え方は私生活と全く同じです。入ってくるお金に対して出ていくお金が下回っている状態なのかどうか。そこをしっかり見える化しなければなりません。

現場での作業効率が悪いというのは、経営に置き換えると経営効率が悪いということになります。それは現状が見えていないからです。

見えていない部分がある場合、必ず無駄な動きが発生しているはずです。

トヨタ式カイゼンでは「見える化」を「目で見る管理」ともいいます。その目的は、問題や無駄をあぶり出して管理を効率化することです。

見える化のポイントは、誰が見てもひと目でわかる、情報を共有化できることです。

現場の見える化の話でいうと、トヨタには必要な情報を必要な人にタイミングよく知らせるための「アンドン」という仕組みがあります。

異常が生じた際に、管理監督者や作業員に知らせるための「呼び出しアンドン」、ライン・設備の状況を信号機のように赤・黄・青のランプで知らせる「稼働アンドン」などがあります。

この仕組みがあることで、いちいちラインや設備を見に行ったりする無駄な動きをしなくても済むわけです。

定量的な基準を設けて、異常や問題にいち早く気づき、その情報を全体で共有すること。これが見える化であり、現場だけではなく、経営のフィールドにおいても考え方は全く同じです。

カイゼン思考ステップ②「目指すべき姿を決める」

見える化ができれば、ステップ②の目指すべき姿は自ずと見えてきます。ステップ①がないとステップ②は意味がなくなってしまいます。

見える化、つまり現状把握というのはいまの自分たちの現在地を知ることです。現在地がわかるからこそ、目指すゴールに向けての道を作ることができるわけです。

砂漠でオアシスを探したいけれどコンパスも使えず自分の現在地がわからなければ、オアシスには到底たどり着けません。


前述したA社の場合、目的は明確でした。まずはシンプルに単月黒字を目指すことになりました。そして、単月黒字がアベレージで5勝5敗、勝率5割になったら通年黒字を目指しましょうという目標を立てました。

実は、これは私が入社する前から掲げられていた目標でした。しかし、**具体的にいま自分の会社がどういう状態だから赤字続きなのかが誰も全くわかっていませんでした。**

シェア率40%の商品を逆ザヤで販売していた話もまさにそうです。

「売上を増やさないと目標は達成できない」といいながら、「大手の取引先だから」という部分最適ばかりを考えていて逆ザヤになっているわけですから、黒字化など遠のくだけです。

立派な目標を立てていても、自分の現在地点がわからなければ目標の達成などおぼつかないのです。

○目標は手が届くところに設定する

よく経営者の方がOKR（目標と主要な成果）とかMBO（目標による管理）といった目標達成のためのマネジメント手法を導入します。

ところが、現場のマネージャーなどは現在地が全くわかっておらず、上司が喜びそうな目標を立てるなど、うわべだけのパフォーマンスになっているケースが少なくありません。

そんなことは経営には関係ありませんし、会社の利益にとっては全く意味のないことです。

「目指すべき姿を決める」際には、まず経営者が現在地を把握した上で未来を設定しなければなりません。その考えをしっかり持っていないと、指示も曖昧になったり抜け落ちてしまったりします。

現状をわからずに目標設定するのは、経営者も従業員もお互いが不幸です。そのロジックだけはしっかりと理解しておいてください。

話は変わりますが、元メジャーリーガーのイチロー選手の「目標設定術」がよく話題になります。イチロー選手は一流のプロ野球選手になるために子どものころから、「高い目標」と「日々の目標」を設定してきたそうです。

Ａ社のまずは単月黒字を目指し、それを達成したら通年黒字を目指したのもそれに似たようなところがあるかもしれません。

最終的なゴールは当然視野に入れながら、まずは近くに目標を設定すること。イチロー選手のいうように、「小さなことの積み重ねが成功に至る唯一の道」なのでしょう。

またまた話は変わります。

私はゴルフも好きなのですが、プロゴルファーはドライバーショットを打つときに、３００ヤード先の飛ばしたい場所を見るのではなく、手前に目印をつけてそこに向かって打つそうです。ボーリングも同じです。

遠くの目標を達成するためには、まずは「頑張ればなんとか手の届くところ」に目標を設定することが大切です。

カイゼン思考ステップ③

「予測する」

次のプロセスは「予測する」ことです。自分たちがこういうアクションを起こしたら、こうなるだろうと想像することはとても大切です。

現在地が見え、こういうゴールを目指そうということになった。そのための解決策を実行すればこういう成果が出そうだ。これを**箇条書きでもいいので、予測を書き出してみましょう。願望や欲求でもかまいません。**

A社の場合、資金繰りについて、支払サイトの長さなど現状の問題が見えました。たとえば、ある大手の取引先の入金サイトが30日に短縮された場合、「どういうことが起きるか」「支払サイトを1か月遅らせればこういうことが起きる」とシミュレートしました。

そこから支払サイトを短くするためにどういう行動をとればいいかを考えました。

また、新規や既存の取引先についても、なるべくサイトの短い状態で入金してもらう仕組みにするにはどうすればいいかを検討しました。

現状を可視化して、あるべき姿を設定するからこそ、対策を明確にできます。

収支に関しては単純で、どういう状態になればお金が残るか残らないかが可視化された状態になっているので、戦略が立てやすいのです。

何をすればいいのかを明確化するプロセスで出てくるのが「選別」という考え方です。

トヨタの現場で実施されている概念に「5S」というものがあります。

5Sとは、「整理」「整頓」「清掃」「清潔」「躾」というSから始まる5つの言葉を指します。それぞれの定義は次のとおりです。

- **整理**――必要な物と不要な物を分けて、要らないものを処分すること
- **整頓**――必要な物を決まった場所に置いて、すぐに取り出せるようにすること
- **清掃**――きれいに掃除し、いつでも使えるように点検すること
- **清潔**――これらの3Sを実行した上で、きれいで使いやすい状態を維持すること
- **躾**――これらの4Sを継続できるように、職場のルールとして習慣にすること

これら**5Sは「職場の安全」「無駄の削減と効率化」「快適な職場環境」を実現するもの**として、現在ではさまざまな企業も取り組んでいます。

○カイゼン思考の根幹にあるのは「1S」

トヨタ時代には**最低でも2S、整理整頓を徹底的にやれと叩き込まれました。**

「整理」は優先順位をつけることでもあります。

たとえば、よく読む本とあまり読まない本を分けること。これは整理です。そして、よく読む本は自分の手の届くところに置いておき、読まないものは本棚にしまっておくこと。これが整頓です。

私は常に、**「整理」で選別した必要なモノの使用頻度に照らして、使用頻度の高いものが取り出しやすいところにあるかどうかを脳のなかで無意識に「整頓」**しています。言葉も同じです。よく使う言葉はいつでも取り出しやすいような状態にしておき、使わない言葉は少し奥に置いておこうといった感じです。

これはまさしく「思考」です。実際の物だけではなく、頭のなかを整理するためにも

2Sは役に立ちます。

実は、**5Sのなかでも私がいちばん重要だと考えているのは最初の「整理」**です。これを**「1S」と呼んでいます。**

すなわち、「選別」です。

要るものと要らない物を分ける。これは「予測する」場合にもとても必要なことです。

予測を立てると、良かった場合と悪かった場合、できた場合とできなかった場合などが出てきます。良かった場合、できた場合はいいのですが、悪かった場合、できなかった場合はどうするかをブレークダウンする必要があります。

つまり、良い結果が出なかったときのことも予測に入れておくわけです。

たとえば、支払サイトが縮められなかった場合、その分のお金を確保するために資金調達に動かなければならないという作戦を立てることが必要です。

良い結果と悪い結果をしっかり選別することによって、行動に対する準備ができます。

予測する際には、最悪のシナリオも持っておいた方がいいでしょう。

最悪のシナリオは現状と何も変わらないことです。

現在地のまま変わらなかった場合も予測し、そのときにどういう手当てをすればいいかを考えておきたいものです。

予測は得てして希望的観測になりがちです。捕らぬ狸の皮算用ではありませんが、人はどうしてもバラ色の未来を想像してしまいます。そこは気をつけなければなりません。

スタートアップ企業のサポートをしていたときに、エクイティファイナンス（株主資本の増加をもたらす資金調達のこと）を実施することがありました。その場合、投資家に対する合理的な説明とプレゼンをすることが必要になります。

よくいわれたのが、「いいことばかりいう奴は信用できない」ということでした。逆に、「自分たちの会社はここが弱くて、いまこんなふうに苦戦しています」と正直にいうと資金調達がうまくいったりしました。

おそらく、そういうことなのです。バラ色の未来しか予測できない相手には人は危険性を感じます。

最悪の事態も想定して事に当たるというのは、経営者がいちばん持っておかないとならないスキルなのではないでしょうか。

カイゼン思考ステップ④

「行動する」

次のステップは、「あるべき姿」に近づけるためのアクションプランに基づいて行動・実行することです。

ここで強調したいのは、予測の段階で終わらせないことです。よくありがちなのは、「こうしたらいいのではないか」と提案ばかりして、結局は実行せずにそこで終わってしまうケースです。

アイデアの良し悪しは置いておいて、まずは実際に「行動する」という詰めの部分がとても大事です。

情報を見える化して戦略を組み立てるなど、思考することまでは誰でもある程度はできます。でも、それを行動に移し形にするかどうか。ここで、できる人とできない人の差ができてしまいます。

ここにも1Sがあります。つまり、行動できる人とできない人が選別されるのです。

私が周囲のスタッフや業務委託してるパートナーなど同じ志で働いてくれている人たち

によくいうのは、**「失敗してもいいし、下手くそでもいいから、とにかくやろうよ！」**ということです。

自分が思考し、予測したことをとにかく実行しなければ結果がわかりませんし、意味もありません。

これが次のステップである「評価」に紐付いてくるわけです。行動なくして評価はありません。

○失敗しないということは挑戦していないことと同じ

行動できない人の心理は「責任を負いたくない」、強いていえば「失敗したくない」ということです。でも、行動しなければ失敗したかどうかもわかりません。その手前で二の足を踏んでいても現状は何も変わらないわけです。

よく、経営者に必要なのは「撤退力」だといわれます。アクションを起こし、それが違った場合は撤退するという、その判断が早ければ早いほど傷が浅く済み、事業継続が可能になります。

ここで生きてくるのが、「予測」のステップでは最悪のケースも想定しておくということです。

予測というのは、準備をしておくことなので、行動しやすくなります。失敗も想定内だから、素早く次の手を打つことができます。

経営に失敗はつきものです。失敗しないということは挑戦していないことと同じです。

大切なのは実行してみて結果を素早く判断すること。そして、間違えた場合は認めて、余力のあるうちに一度撤退して体制を立て直すことです。こうすることで企業は存続していきます。

パン製造業のA社の場合も、行動しなかった人が行動するように変化していきました。それまで、経営者や上司の主観的な指示を受けて、理不尽だと感じながらも従ってきた人たちが、会社が物事を客観的に見て話をしていく風土に変わってきたことで、「この人のいっていることは間違っている」「この方向は違うのではないか」と率直に気づくことができるようになりました。

人間というのは面白いもので、そうなると表情も変わってきます。スッキリとした表情になってくるのです。自分が「なんかおかしいな」と漠然と感じていたことが正しかったのだと理由が明らかになったからです。

カイゼン思考に変わっていくことで、頭のなかのモヤモヤが解消され、それによって、行動がしやすくなったのです。

私の提案するカイゼン思考において、とくに強調したいのはこの「行動する」ということです。見切り発車でもいいから、とにかく動いてみましょう。それが現状を変えるブレイクスルーになります。

そして、実行の結果、どのくらいのカイゼンが得られたかを把握するために、実施前後の状態を数値化して目に見える形で記録しておくことも非常に重要です。

カイゼン思考ステップ⑤

「評価する　A：自己評価」

カイゼン思考の仕上げともいうべき大事なことはステップ⑤の「評価」です。

行動した後にここがいちばんのキーポイントになります。

評価は、ステップ①から④まで自分がやってきたことのいわば答え合わせです。

評価には大きく3つの側面があります。「自己評価」「費用対効果評価」「第三者評価」です。

自分の思考どおり進めてきて行動した結果について、多くは自己評価については高くなるでしょう。

でも、はたして費用に見合った効果が出ているのか？　費用対効果をしっかりと捉えなければなりません。

そして、周囲の第三者も同じ評価をしてくれているのかも確認する必要があります。

これら3つの評価によって、思考に基づいた行動が本当はどうだったのかが明らかになります。


評価Aは「自己評価」です。

まずは、自分自身での評価を行います。それによって、他人がどうやっているかという差異もわかってきます。他の人と比較対照してみて、それが合致していればなお良いわけです。
しかし、自己評価はどうしても甘くなりがちです。「頑張ったから」といった主観やバイアスも入りやすくなります。

そこで、次の費用対効果を評価することが必要になります。

カイゼン思考ステップ⑤
「評価する B：費用対効果評価」

カイゼンの結果、社内の環境が良くなったとしても、そこにお金がかかりすぎていたら経営的には意味がありません。

数字で見てどうプラスになったのか、費用に見合った効果が出ているのかどうかを評価するという視点は絶対に欠かせません。

A社の資金繰りの話でいうと、支払サイトという物理的な動きに対するプラスマイナスだけではなく、サイトが２００日の場合は資金繰りに奔走しなければいけない人の人件費なども費用にかかわってきます。これを１か月縮めたら、その人の心労も軽減されますし、単純に1か月分の人件費が浮くという側面もあります。

このように、効果に対して費用がどのようにかかっているかをしっかりと見なければいけません。

「カイゼンをやらせているけど成果が出ない」という会社はほとんどが費用対効果を見ることができていない状態です。

Aさん「ロボットを導入したら生産スピードがものすごく上がりました」
わたし「で、そのロボットはいくらしたんですか？」
Aさん「1億です」
わたし「回収するのに10年かかりますけど大丈夫ですか？　それに、その商品が売れなくなったらどうするんですか？」
Aさん「……」

こんな笑い話のような例もあります。

ここには、**カイゼンは売上や利益に結びつかなければ意味がないという思考が欠けています。部分最適しか見ていないわけです。**でも、ロボットを入れて生産量が上がりました。必要量が売れているうちはいいでしょう。それが売れなくなった場合、在庫過剰になります。

こういう話をすると、「そこまで想定していなかった」という方が少なくありません。

そこで必要になるのが、次の「第三者評価」です。

カイゼン思考ステップ⑤

「評価する C：第三者評価」

外部の人の意見や違う視点を入れることはとても大事なポイントです。

冷静な目で第三者に見てもらうことで、カイゼンの方法が本当に正しかったのか、抜けている視点はないか、もっと拡張できることもあったかもしれない、といった気づきを得ることができます。

自己評価は高いけれど、では周りの人も同じ評価をしてくれているのか、違った評価をするのかによって、思考や行動を変えることも求められてきます。

とくに、経営トップは社内で第三者評価がなされることは少ないので、自己満足に陥りがちです。経営指標には表れないものもあります。

よく「経営者は孤独だ」とうそぶき、何でも自分で意思決定して解決しなければならないと思い込んでいる方もいます。それで沼にはまってしまう例もたくさん見てきました。

ですから、素直に第三者からの評価を受け入れることが大切です。

たとえば、私たちのようなアドバイザーなど外部のプロが介入するという選択肢もあるでしょう。

いずれにしても、**第三者が最後に客観的に見て評価し、新たな提案を行うことでカイゼンがさらに進むというサイクルができ上がります。**

＊

ここで一つの疑問が出てくるのではないでしょうか。

「これらの評価をどのタイミングで行えばいいのか？」ということです。

ある一断面での評価が必ずしも現状を反映しているとは限らないからです。

実は、この判断のためにステップ③の「予測」があるのです。

予測にも段階があります。ある予測のブロックがあり、ある行動によって一つの段階が終わったらそのつど評価するようにしましょう。

大きな改革を目指している場合、すべての予測と行動を全部やりきってから評価するのでは、先が見えないのでモチベーションもなかなか維持できません。

大きな1つの大改革ではなく、100の細分化したカイゼンのロードマップに従って一歩ずつ進めていくことが大切です。

予測～行動の1ブロックごとに自己評価し、費用対効果を検証し、第三者にも評価してもらうというように積み上げていくのです。

会社全体の見える化と継続的なカイゼンが重要

もう一つ大切なことがあります。それは**評価の結果を社内全体にオープンにする**ということです。

費用対効果がどうだったか、第三者はどう評価したかもすべて公表します。そのためには、**財務状況などもすべてオープンにすべきです。**

これもカイゼン思考のステップに当てはまるのですが、現状が見えていない、要はお財布にいくら入っているのかがわからないのに、「今年は儲かった」「ちょっと苦しいから頑張ってね」とかいわれても、従業員はどうしていいのかわかりません。

極端な話、収入が1円増えただけでも儲かったという人もいれば、10億円増えても儲かってないという人もいます。

現状が定量的にわからないのに、こうしてくれああしてくれと指示しても、それは迷子になる要因を作り出しているにすぎません。

家計で考えればわかります。家計の財布の中身を知らない人は多いでしょう。なぜ自分のお小遣いが3万円なのかわかっている人は少ないのでは？

でも、家計の財布の中身がわかれば、小遣い3万円の理由がわかった瞬間に、たとえばパートナーにもっと協力しようとか、ここにお金がかかっているから節約しようとか考えるでしょう。

もっとお小遣いが欲しいのなら、「ここを手伝うから5万円にしてよ」と交渉できるわけです。経営も同じです。

情報をクローズドにしていて良い作用は全くありません。すべてオープンにした方がフェアですし、お互い精神的にも良い。社内の人間関係もスムーズになるはずです。

要するに、**大切なのは「会社全体を見える化する」**ということです。

カイゼンの推進力もそこから生まれます。

繰り返しになりますが、トヨタの〝カイゼン〟が漢字ではなくカタカナである理由は、カイゼンを1回では終わらせないという意味があるからです。

「改善」は単に悪い状態を良い状態に変えることです。

「カイゼン」は現状に満足せず、常により良い状態に変化し続けることを指します。

思考し行動してきた結果をしっかりと振り返って、またステップ①の振り出しに戻って再スタートする。これを何度も繰り返すことでブラッシュアップし、さらに効果的なカイゼンが生まれてきます。

この循環こそが「カイゼン思考」の最大のポイントであり、アドバンテージです。

Part

3

カイゼン思考で、売上アップ&利幅アップ

繁忙期と閑散期の差が大きい菓子メーカー

本章ではカイゼン思考でどう売上や利益をアップするかについて説明していきます。

老舗の菓子メーカー（以下、B社）を例に挙げます。

B社には繁忙期と閑散期がありました。業種業態にもよりますが、ほとんどの仕事には多かれ少なかれ繁忙期と閑散期というシーズンが存在します。

B社の場合、繁忙期は年末年始と5月のゴールデンウイーク、8月のお盆の前後です。人が動く時期には手土産などお菓子のニーズは多くなるわけです。閑散期はその狭間である2～4月、6～7月、9～10月で、売上が極端に落ちます。

1年の間に大きな山と谷があるような感じです。

このB社から現場のカイゼンを依頼されました。工場と物流拠点があり、店舗も持ち、卸もやっています。さらに、ECも手がけており、オムニチャネル化された会社です。

具体的には、物流の作業改善や配送ルートの見直しなどを依頼されました。当初は単純にこれらの業務効率を上げてほしいということでした。

まずは、現状を把握するために私は現場に出向きました。

前述したように、私の場合、「カイゼンするなら、まず現地に行って、現物に触れろ」というトヨタの「現地現物」の考え方が習慣化しています。

ですから、仕事を受けると、まずは現場に行って状況を見せてもらうことからスタートします。

こうして現場に身を置いてみて、従業員の方と話しているときに一つのワードが出てきたのです。

「この年末年始を乗り越えたら、少しは落ち着くかな……」

そんな一言でした。なんとなく、引っかかりを感じました。

そこで、「落ち着いたら何をしたいのですか？」と尋ねると、「特別やることはないけど、忙しいのがずっと続くのは嫌なので」という返事が返ってきました。

さらに聞いていくと、**繁忙期には「とりあえずいまを乗り越えよう」という発想にな**

り、閑散期にはモチベーションが下がってしまう。そういう従業員がほとんどでした。

そこで、私は次のような宿題を出しました。

「マラソンと、短い距離をダッシュして30秒歩くというのを何度も繰り返すのではどちらがきついか、自分たちの体で一度体験してみてください」と。

100パーセントの人が、短距離をダッシュして少し休憩する方が格段にしんどかったそうです。

1年間同じペースで走るのと、繁忙期にダッシュし閑散期に休むのと、どちらがきついか?

答えは一目瞭然です。**繁忙期だけに力を投入するよりも、同じペースで、1年を通じて同じ力を加えていく方が持続力が発揮されるし、再現性も高い**わけです。

「そういう環境にしませんか?」と提案したところ、受け入れてもらえました。

このときありがたかったのは、毎回現場へ支援に行く際に必ず社長が同行してくれたことです。そして、私の考えに共感してくれ、学ぼうという姿勢を示してくれました。社長自らです。

これが大きかった。だから、経営中枢の話をしても素早く対応してくれました。

そもそも繁忙期と閑散期という言葉自体あるのがおかしいわけです。**1年のなかで売上が上がったり下がったりするのではなく、上がり続けなければ企業自体が繁栄していきません。**

この当たり前の話を社長は理解してくれました。

経営トップのカイゼン思考が会社を変えた

企業を改革するためには、まず経営トップがカイゼン思考を学び理解することが欠かせません。

話は少し回り道します。

B社の社長は4代目でまだ30代と若く、先代の会長も健在で経営に大きな影響力を持っていました。社長には会長への遠慮もあったようです。

私は社長にカイゼン思考のステップについて丁寧に説明しました。会社がいまどういう位置にあり、社長自身は何を目指し、予測をしてどう行動を伴わせるかといったことです。まずは、会社の現在地を把握するというステップ①をしっかりクリアしなければ前には進めませんと強調しました。

社長自身も刺さったのか、カイゼン思考をしっかりと学んでくれました。

そして、会社の目指す方向性などについての考えをより主体的に発信するようになっていきます。

最も典型的だったのが、明治時代から続いていた本店が一等地にあるのですが、社長は「不採算店舗なので閉めたい」との方針を示しました。

歴史ある本店を閉めることに対し、当然ながら周囲からの逆風は強かったわけです。

でも、カイゼン思考を理解していた社長は、「本店のあることがはたして会社にとってプラスになるのか」ということから口火を切って周囲を説得し、不採算店舗の整理に舵を切ることができたのです。

もっとも、コロナ禍も有利に働きました。来店客は激減し、一方ではＥＣサイトが伸びていて、お土産需要は卸のお客さんがメインになっていました。

本店スタッフの人件費などを考えれば費用対効果が合いません。そうした点を数値化し、シミュレーションすると5年後には倒産するとの予想を示した上で、社長は「経営をＶ字回復させるためにこういう戦略でやっていきたい。まずは、象徴的な不採算店舗である本店を閉める」と宣言しました。

そして、自分たちの強みと弱みを明確にして安定した売上を確保するとの方針のもと、繁忙期と閑散期をなくす取り組みへと思いが至ったわけです。

1 見える化する ―― 繁忙期と閑散期の差をどう埋めるか

まずは、現状の見える化です。

繁忙期と閑散期があることはすでにわかっています。

菓子メーカーという業種ですから、季節によってある程度ニーズに差があるのは仕方がありませんが、まずはそれぞれの売上などを数値で可視化することが必要です。

では、繁忙期と閑散期をどうならしていくのか？

その判断基準も現状がどうかを見きわめることから始まります。

繁忙期に合わせて閑散期の売上を増やしていこうとすれば、生産現場に無理がかかってパンクする可能性があります。

そうであれば、たとえば閑散期の詰め方を多少緩やかにするという選択があります。

繁忙期と閑散期をならすために、閑散期を徐々にピークの繁忙期に追いつくようリードタイムを伸ばします。いますぐではなく、たとえば1年後に閑散期を繁忙期に近づけるという設定をするわけです。

経営者によっては、せっかくの繁忙期の稼ぎが減ってしまうと危惧する方もいるかもしれませんが、もちろんピーク時期の生産・売上を抑える必要はありません。

ただ、そのためにはピーク時の生産量を通年こなせるような生産体制へのカイゼンも必要になってきます。

2 目指すべき姿を決める

平準化された生産環境を目指す

一年中が繁忙期で、仕事が潤沢にあり社員のモチベーションが常に高いのが理想です。目標とする「あるべき姿」は常に繁忙期であること、つまり平準化された生産環境を実現することです。

しかし、B社の場合、繁忙期の社員のモチベーションにも表れていたように、年末年始を乗り切れるだけの体力もありませんでした。

では、繁忙期の状況を続けていけるようにするためにはどういう方法があるかを社員とともに考え、提案していきました。

必要なのは、**生産のキャパシティを増やすこと**でした。

ここは当初、私が依頼されていた**生産能率や作業効率を上げることと両輪**です。

これができないかぎり、生産を繁忙期に合わせ続けるのはとても無理です。注文が増えても、欠品が多くなり信用を失うことにもなりかねません。

実は、この考え方はＡｍａｚｏｎの販売戦略から学んだことです。

アメリカの会社ですから、やはりクリスマスシーズンなどに出荷量が20％くらい増えます。

Ａｍａｚｏｎの凄いところは、そこで増えた売上を来年の通常にするのです。私が入社したのは創業13年目でしたが、それまでの13年間、毎年20％以上成長していました。12月には売上高が20％上がるのはわかっています。それに対して、**1年をかけて繁忙期が通常になるように日々の業務をカイゼンするので、20％増に耐えられる体力がついていきます。どんどんキャパシティが上がっていく**わけです。

繁忙期と閑散期の波があることを正すのはもちろんですが、**持続的に成長していくにはこのようにキャパシティを継続的に上げていくという戦略も必要**になります。

最近、タイムパフォーマンス（タイパ）ということがよくいわれます。ＩＴの進歩が背景にありますが、コストパフォーマンスの時間版で、かけた時間に対する効率や生産性を表します。

生産現場だけではなく事務職なども同じで、限られた時間での能力のキャパシティを上げていくことは自分の資産にもなるので、そういう考え方はとても大切です。

3 予測する —— 閑散期の売上を繁忙期に近づける

B社のカイゼンの次のステップは、閑散期が来ないようにするにはどうするかを予測することでした。

なぜ繁忙期があって、現在の状態で繁忙期を乗り切ることのリスクや、閑散期がなぜ来るのかを予測し、生産体制などをどう組み立てていけばいいかを明確にすれば、どういう行動をすればいいかも自ずと浮き彫りになってくるだろうと考えました。

繁忙期にはある種の特需があります。だったら、閑散期にもその特需を作ればいい。特需が繁忙期だけの特別のものでなくなればいいわけです。

そのためには、人、物、金、情報のコントロールが必要です。

まず、**季節要因を打ち消せるものは何があるかをみんなで話し合いました。**

いちばんの要因は、生産や物流を自社で完結しようという意識が強かったことです。

歴史の古い会社にありがちですが、B社は内製が当たり前になっていました。自分たちの力で人を集め、材料も集め、保管場所も確保し、配送もすべて自分たちで手配していました。

そこで、**「他の人の力を借りたらどうなるのか?」という視点**で考えてみました。

すると、委託倉庫や配送代行があるし、箱詰めやラッピングを請け負う会社もあることに気づきました。

そして、繁忙期に一度、内製していた業務を分散して外注してみたらどうかと会社全体で話しました。

なぜ全社的に話したかというと、マーケティングの担当者が繁忙期には販促が打てないという悩みがあったからです。工場の生産が追いつかないので、これ以上売ったらまずいということで歯止めがかけられていたのです。

理由を聞いてみると、そこも確かな根拠のない曖昧な話でした。そこで、マーケティングの人が販促を打ったらマックスどのくらい売れるのかと聞くと、それまでの1・6倍は売れると。

そこで、現状の能力の1・8倍という設定をして、そのために**業務をどう分散すれば実現できるかをシミュレーション**しました。

結果的に、B社では繁忙期にも販促を打つことになりました。

マーケッターは販促をしたくてうずうずしていました。その気持ちを解放することができたのもモチベーションアップにつながりました。

一方、現場の工場の従業員も生産キャパシティが上がり、「これだけ作れるから、もっと売れる方法を考えてほしい」といったこともいえるようになりました。

このように、**職場のなかで相乗効果が生まれ、お互いが高め合っている雰囲気が出てきた**ことはとても良かったです。

カイゼン思考がうまく回っていくと、こうして組織はどんどん活性化していきます。

3 予測する

外注を平準化することでナレッジが蓄積される

では、外注することによる費用対効果はどうだったでしょう?

内製化した方が費用は安く済みますが、外注に出したらどのくらいの費用がかかるかを算出しました。

仮に売上が1・6倍に増えた場合、利益率は外注を使うと下がるかもしれないけれど、額はこれだけ残るといったようにシミュレーションで組み立てていきました。

結果的には、アウトソーシングなどの作業改善によって生産キャパシティは上がり、全体のコストが下がって利幅が増えていきました。

外部のパートナーを使えば、もちろん一時的に外注費用は上がります。しかし、そこにも経営者の正しい予測が必要になります。

それは、こういうことです。

外注する場合、繁忙期と閑散期があると、繁忙期のみのスポット的なアウトソーシングになります。すると、外注先のパートナーには十分なナレッジが蓄積されません。有効なアウトソーシングを行う上でも、繁忙期と閑散期を作らない方が望ましいわけです。

また、外注先の会社にしてもスポット的な仕事では資金繰りも安定しませんし、継続的に仕事を出してくれるクライアントを優先することになります。

外注先のパートナーにしても、一定量の業務を継続的に請け負うことは大きなメリットですし、その**外注先がどういう能率で回していくかというデータを自社が得ることもできます。**その**ナレッジを吸収してまた内製化することも可能**になります。

実際、B社では外国人労働者や障がい者などを雇用して、一部を内製に戻すといったことにも取り組んでいます。これは大きな社会貢献にもなっています。

54

行動する
評価する

新たな販路の開拓と新商品の開発

こうして生産体制の問題はある程度解決の目処がたちました。次のステップは、両輪の閑散期をなくすためにどう行動するかです。

まず、浮上した**アクションプランは「新しい販路の開拓」**でした。

たとえば、冬には売れないお菓子を南半球の百貨店に出します。

実際、一年中気温が30度前後の赤道近くの国々にも日本の百貨店が出店しています。そういうルートを開拓して輸出すれば閑散期の売上に貢献する可能性があります。

また、これまで取り込んでこなかった層のお客さんをターゲットにすることにも着目しました。

もう一つのアクションプランは「新商品の開発」です。

お菓子が売れなくなる季節要因がいろいろあると思われてきましたが、はたして本当にそうなのかということを調べてみました。

たとえば、「冷たいお菓子は冬に売れないというけれど、ではどうして『雪見だいふく』は売れているのか?」といった疑問が出てくるわけです。

結局のところ、冬でも売れる冷たいお菓子もあるのに、そこを調べ切れていなかったということです。

また、夏はアイスでいうとシャキシャキとした氷系のものが売れますが、冬場はクリーム系のしっとりした感じのアイスが売れます。そういうことを分析し切れていれば、季節ごとのニーズに合う商品を作ればいいという発想になります。

そのへんの**リサーチ力が弱かったのも閑散期を生んでいた要因**でした。

とくに老舗の会社には、同じ視点、角度でずっと見てしまうという傾向がよくあります。**この商品にはこういう季節変動があるから仕方がないと思い込んでしまっている**ため、繁忙期と閑散期ができてしまうのです。


たとえば、8月のお盆には売れるけど、その前後の暑い時期にはお客さんがつかないという商品がありました。

そこで必要なのは「組み合わせ」という発想だと考えました。

世の中で流行っているものと自分たちの武器である象徴になるものを掛け合わせた商品を夏用に発売したのです。

○カイゼン思考で新商品開発

新商品を開発する際にも、カイゼン思考のロジックはとても重要です。

いま世の中がどうなっているかを可視化する必要がありますし、自分たちがどう社会貢献できるのかも可視化しなければいけません。それがないと、刺さらない商品を作ってしまいます。

自社の悩みを解決するための商品であり、かつ社会の人に受け入れてもらえる商品という設計が必要です。それが目指すべき姿です。

そして、いま世の中で好まれているものと自社の商品を寄せたらどうなるかといった予測を立て、それに沿って行動していくことが大切になります。

新商品開発は、その評価が最もシビアに表れます。

自分たちが望み、かつ費用対効果も合う商品ができたと思っても、第三者評価をするのは消費者です。

もし売れなかったら何らかの要因があります。新商品開発はいちばんの訓練になるカイゼン思考のパッケージです。

B社の新商品は閑散期を目がけて作り上げているもので、その武器も増えたため、繁

忙期と閑散期の波の深さはどんどん整ってきました。

こうした施策とキャパシティ増への取り組みの両輪を回したことで、**売上、利益とも大きくアップ**しました。

さまざまなパートナーとも手を組み、キャパシティは内製でやっていたときの2倍になっています。

出荷能力が上がり、繁忙期に合わせた販売計画も可能になるなど、モノを売るための構造が変わったことが最も大きな効果でした。

Part

4

カイゼン思考で、資金繰りを安定させる

1 資金繰り安定のためのキャッシュフローのカイゼン

財務を専門家まかせにしていませんか？

企業を経営する上で最も重要なのは「資金繰り」です。

〝資金繰り〟というのは「どうやってお金を借りるのか？」、つまり資金調達とイコールの意味だと思っていませんか？

そうではありません。**資金繰りは金策のことではなく、「お金の流れを予測すること」**であり、**営業活動などで会社に入ってくるお金と、支払いなどで出ていくお金をマネジメントすること**です。

たとえば、製造業であれば、原材料を仕入れて加工して販売する場合、先に支払いが発生し、後から売上としてのお金が入ってきます。この時間差によって、資金不足に陥ることがあります。

「売上の目処は立っているのに、入金より先に支払いが発生して、お金が足りない……」という状況です。

そうなると、資金調達のために新規の借り入れが必要になったり、資産を売却してキャッシュを確保したりする必要が出てきます。

こうした**資金繰りの問題解決にもカイゼン思考が応用できます。**

とくに中小企業の経営者の方は、損益計算書（ＰＬ）と貸借対照表（ＢＳ）がよくわからないからと、税理士や公認会計士まかせになっていることが少なくありません。

こうした財務諸表の見方などを知らないまま、「資金繰りをどうすればいいか？」と悩んでいるケースがよくあります。

財務について経営者が銀行よりも詳しくないのは仕方がないとしても、税理士などの専門家とのコミュニケーションがあまり取れていない場合もあります。

また、ＴＫＣグループなどの会計士・税理士のプロ集団を活用している場合は、決算書などはすでに分析が済んだ状態で提供されます。そして、「このラインを超えているので優良企業です」「このラインを下回っているので危険水域です」と〝通知表〟のコメントだけを見て一喜一憂します。

やはり経営者は本来、しっかりと数字を見ることができるに越したことはありません。そして、自社の財務状況をすべての社員が把握できるように教えていくことも必要です。

○家計で考える

ただ、〝財務〟というとどうしても難しく考えてしまいがちです。損益計算書や貸借対照表などの見方もある程度の知識が必要になります。

では、会社ではなく、家庭だと考えたらどうでしょう？

普通に生活をしていれば、誰でもお金の算段は日常的に行うはずです。それは経営者に限らず、働く人として必要なスキルです。

会社でも家庭でも、基本は「収入が上回るように支出を考えていく」ということに他なりません。

ＰＬやＢＳの評価だけを見るのと同じように、給与明細だけをなんとなく見て、口座に振り込まれる給料はパートナーが管理し、自分はそこからお小遣いをもらって生活していると、全体のお金の出入りのコントロールはできません。

同じように、経営者もせめてお金の出入りはしっかりと把握しておきたいところです。さらに、それをオープンにすることで従業員にも当事者意識を持ってもらうことが必要でしょう。

「会社のお金の出入りは家計と同じだよ」

社員に対して、こんな風にシンプルでわかりやすく説明できる経営者になってほしいです。

1

見える化する

キャッシュフローを把握することから始めよう

数字が苦手で、PLやBSの見方がわからないという経営者の方でも、最低限キャッシュフローがどう回っているのかは把握しておきたいところです。

PLはその会社の一定期間の営業成績表です。リアルにその場の資金繰りをコントロールするということを考えれば、やはり**キャッシュフローに注目して管理することが重要**になります。

ＰＬは「収益」「費用」「利益」の3つの要素から成り立っています。収益から費用を引いて利益を算出するわけですが、そこに「税金」などの要素も絡んできます。

しかし、ここも結局はキャッシュフローに関連する要素で、キャッシュの出入りを管理できていれば、どのタイミングで税金がどのくらいかかるかは把握できます。たとえば、この時点でリースをすれば減価償却でならせるので利益自体は抑えられるけれどキャッシュアウトは防げるといった戦略を考えることができます。

一方、ＢＳは、会社が調達した資金（負債・純資産）の使途（資産）を表しており、ある時点での企業の財務状況を反映しています。ＢＳではとくに流動資産や流動負債は営業活動によるキャッシュフローに対応します。

つまり、ＰＬもＢＳもキャッシュフローと密接に関係しており、**キャッシュフローをコントロールすることでＰＬとＢＳもコントロールできる**という順番になります。

キャッシュフローの管理で最も大切なのは、入ってくるお金に対して、出ていくお金が

どういうタイミングで発生するかを把握するということです。

ここが**現状の「見える化」**です。

たとえば、未だに手形を使っているなど入金サイトが長い、あるいは支払いサイトが短いなど、出入りのバランスとタイミングを見える化しておくことが必要です。

「目指すべき姿」は、当たり前の話ですが、入ってくるお金より出ていくお金をできるだけ少なくするのが理想の形です。

次は「予測」です。お金の出入りをどういうパターンに入れ替えたら、月々のキャッシュフローが安定するのかをシミュレーションします。

そして、支出のムダはできるだけ省いていくように「行動」します。

「評価」はシンプルです。「キャッシュフローが正常に回るようになったか？」「収支がプラスになったか？」「計画的に投資ができているか？」といった要素をチェックすることです。

3 目指すべき姿を決める

2 予測する

資金繰り改善の基本は「入金は早く出金は遅く」

販売代金も仕入れも現金という典型的な現金商売であれば、その日の収入がそのまま手元に残ります。出金と入金のタイムラグがきわめて小さいので、逆ザヤでない限り資金繰りに困ることはまずありません。

ところが、多くの営業活動では入金と出金にはタイムラグが生じます。

とくに問題になるのは、手形で支払いを受けている場合、また入金サイトが長く、支払いサイトが短いというケースです。

資金繰りを改善するには、もちろん営業活動での収入・利益をしっかり確保し、出ていくお金よりも入ってくるお金をなるべく増やすことです。

そして、**入金は早く（入金サイトは短く）、出金は遅く（支払いサイトは長く）が基本**です。そうなるように対策を打つことが必要になります。

これが「目指すべき姿」です。

このきわめてシンプルな思考に基づいて現金をコントロールできる体制になっている会

社の経営は安定しています。
「入金は早く出金は遅くする」ポイントは次の3つです。

① 売掛金を早期に回収する

まず売掛金の発生とリードタイムを把握し、なるべく早く回収できるような方法を取引先との間で徹底することが必要です。

② 買掛金の支払いサイトの延長交渉

また、運転資金の負担を軽くするために、買掛金をしっかりと管理し、支払い期間を適正にしなければなりません。遅滞なく支払うことを心がけて仕入れ先の信頼を得られれば、支払いサイトの延長の交渉も可能になるでしょう。

また、手形はできるだけ少なくし現金払いにするのが理想です。手形による支払いがなければ、手形不渡りになることもありません。

③ 不要な在庫はできるだけ早く処分する

一定の在庫を抱える商売であれば、在庫管理を徹底して、在庫はなるべく抱えない、不要な在庫は早く処分することも不可欠です。

まさにトヨタ式カイゼンのジャストインタイムです。在庫を徹底的に減らして効率化したいところです。

この3つを実現するために、具体的なカイゼン策を考えていく必要があります。

3 予測する ― キャッシュフローが悪化する原因を知る

キャッシュフローは細かくいうと次の3種類に分けられます。

① 営業キャッシュフロー

企業の主な営業活動による現金の収支のことです。プラスになるほど事業が順調に回っていることを表します。

② **投資キャッシュフロー**

投資活動によるキャッシュフローです。固定資産や有価証券の売買、資金の貸付や回収による収支を指します。

③ **財務キャッシュフロー**

借入などの資金調達に関連する現金の流れを示すものです。財務諸表の一つであるキャッシュフロー計算書（CF）に記載されている財務活動によるキャッシュフローがこれに当たります。

これら3つのキャッシュフローにはそれぞれ悪化する原因があります。

キャッシュフローが悪化する原因は主に、経営不振、売掛金の未回収、在庫の増加、過剰な設備投資、多額の借入返済額などがあります。

キャッシュフローが悪化している場合はどこに原因があるのかをきちんと見える化することがまず必要です。

ここで一つ注意しておくべきことがあります。

それは、「黒字＝キャッシュフローが良好」というわけではないということです。ＰＬ上は黒字でも、キャッシュフローはマイナスになる場合もあります。むしろ、実際にビジネスでは利益とキャッシュフローは基本的に一致しません。

売掛金など帳簿に売上が計上されるタイミングと、実際に現金が入ってくるタイミングが違うからです。

利益が黒字であってもキャッシュが足りなくなるのが、俗にいう「勘定合って銭足らず」という状態です。

実際に、業績上は利益が出ていても資金ショートの状態になり、倒産してしまうケースもあります。これが「黒字倒産」です。前述したキャッシュフロー悪化の原因のなかの「借入返済額が多い」場合にこのリスクが高くなります。

利益が出ているのにキャッシュフローが悪化するという状態は、これも家庭にたとえて考えるとよくわかります。

たとえば、高級な外車を買ってしまったとか、身の丈に合わない家に住んでしまったというのと同じです。

これは在庫の仕組みにもよく似ています。在庫は資産になってしまうので、一見利益が出ているように見えますが、あくまでもモノとしての価値にすぎず、キャッシュではありません。

見た目は裕福な暮らしをしているけれど、実は財布を開いてみたらすっからかん。そういう状況は中小企業ではよく見られることです。

4 行動する ―― 資金繰り表を作ってキャッシュフローを把握する

キャッシュフローを改善するための取り組みの一つとして、「資金繰り表」を作るということがあります。資金繰り表はお金の流れを予測するための帳簿です。

一般に、お金の流れを見るのはCFと考えられています。でも実は、CFは「お金の流れ」ではなく「過去のお金の増減バランス」を表しているものです。

ＣＦには、本業による営業キャッシュフローだけでなく、投資や借入などによるお金の増減も含まれているので、必ずしも日々のお金の流れを反映しているわけではないのです。

上場企業ではＣＦを作成することが義務になっています。それは、ＣＦは経営者向けの情報というよりも、投資家向けの情報だからです。

とくに中小企業の場合、重要な情報は日々のお金の出入りです。お金の「出入り」と「残り」の見込みを予測し、経営判断の材料として有用なのはむしろ資金繰り表に表れている数字です。

資金繰り表は月ベース、週ベースで作成されることもありますが、日ベースの「日繰り表」を作ることをお勧めします。勘定科目や現金回収などの項目を日々の取引ごとに記載します。

毎日のお金の「入り」と「出」を記していけば、現金の過不足のタイミングが一目瞭然でわかります。

また、支出には「税金」もあります。税金は支払いの率や額、支払い期限はあらかじめ決まっていますし、定期的に出ていくお金です。

このタイミングでこれだけのお金が必要だということは確実に予測できるにもかかわらず、キャッシュを残しておかない経営者もいます。それを繰り返してジリ貧になっていくというパターンも少なくありません。そして最悪の場合、ある日突然、資金不足で倒産してしまう。これはもはや経営ではなく、ただのギャンブルと同じです。

日繰り表の作成を継続していくことで、毎月の収支のスケジュール感も把握できますから、長いスパンでのシミュレーションも可能になります。このタイミングでこのぐらいの現金が残るというのを予測できれば、事業計画も立てやすくなります。

皆さん、こうやって人生設計はするのに、なぜ会社の未来の設計をしないのかが不思議です。

資金繰り表というと難しい印象を受けるかもしれませんが、**会社の資金繰り表は基本的に収入と支出を記載する家計簿やお小遣い帳と同じ**です。いつお金が入って、いつ出ていって、いくら残るのかがわかればよいのです。

資金繰り表を作れば、これまで曖昧にしかわからなかったお金の流れを正確に把握でき、将来の資金の収支の予定を知ることができます。

4 行動する

「投資」の観点からも資金繰りを考える

資金繰りは「投資」の観点からも考えていく必要があります。

営業活動に投資は不可欠ですが、基本的には営業キャッシュフローの範囲内で投資を抑えることが理想です。

しかし、借入金など他人資本に頼らなければならない場合もあります。その際、運転資金を借りるのか、設備投資のために借りるのかで融資条件は異なります。

返済期間は運転資金の方が短めです。一方、設備投資の多くはその効果がすぐに売上に反映されるわけではないので、返済期間は長めに設定できます。

一般に設備投資は多額の資金を投入することになるので、費用対効果もしっかりと分析しながら、投資の意思決定は慎重に行いたいところです。

とくに、運転資金の借入を検討する際に考慮してほしいのは、カイゼンによってムダを省けば借入の必要がなくなったり額が少なくて済む場合もあるということです。

資金繰りというと、「借入などでどこからかお金を持ってきた、どこかへ支払う」というイメージがあります。でも、本来はお金を借りずに安定的に経営する、それが本質的な資金繰りの考え方ではないでしょうか。

4

行動する

支払いのムダをとことんカットする

資金繰りを安定させるために最も重要なのは、支出のどこにムダがあるのかを分析し、そこを徹底的にカットすることです。

トヨタ式カイゼンの一つには「３Ｍ削減」というものがあります。３Ｍというのは現場で起こりうる「ムリ」「ムダ」「ムラ」のことです。

「ムリ」は、担当者や設備に能力以上の負荷がかかっている状態です。

「ムダ」は、付加価値を生まない作業のことです。

「ムラ」は、仕事の品質が一定していない状態です。

このような「ムリ・ムダ・ムラ」は日常業務のなかでどうしても生じやすいものですが、作業効率や生産性の低下の原因になるので削減していかなければなりません。

このなかでも、**「ムダ」にはトヨタが提唱した「7つのムダ」**があります。**加工のムダ、在庫のムダ、作りすぎのムダ、手待ちのムダ、動作のムダ、運搬のムダ、不良・手直しのムダ**です。

トヨタ式カイゼンでは、これらを排除することを基本としています。

現場に限らず、企業にはさまざまな「ムダ」が存在し、それらは経営を圧迫します。**ムダな支出を徹底的に見直すことが資金繰りを安定させるためには不可欠**です。

とくに、なかなか気づきにくい細かいところの支出を減らしていくことも同時に行う必要があります。

たとえば次のような手数料を節約することも大切です。

○銀行の支払手数料（振込手数料）

銀行手数料の代表的なものは振込手数料です。企業間取引では振込の頻度も多く、手数料を削減することは大切です。

振込手数料は銀行によってもそれぞれ違うのでチェックしてみてください。

また、ネットバンキングを利用することもお勧めです。振込手数料は一般に銀行窓口が最も高く、ATM、ネットバンキングの順に安くなります。

ネットバンキングであれば手数料0円の銀行もありますし、使用頻度が高ければ無料で振込ができるというサービスを行っている銀行もあります。

さらに最近は、実店舗を持たないネット銀行（インターネット専業銀行）をメインバンクにする企業も増えています。ネット銀行は企業融資などにも力を入れていますし、メガバンクや地方銀行に比べて振込手数料は安く設定されている傾向があります。

こうした銀行の振込手数料といった**少額のものでも、〝チリも積もれば〟で、使用頻度が多ければ大きな額になります。**見逃しがちなこうした支払いについても、カイゼンできるかどうかを確認してみてはいかがでしょうか。

なお、銀行から融資を受ける場合も手数料がかかります。金利が手数料として計上され、計算によって決まった手数料を毎月支払うことになります。事業用として使われる借入は10％未満の金利で設定されていますが、金利を比較して借りる前から手数料を削ることを検討したり、1年以内で返済できる環境を作れば手数料を削減できる場合もあります。

○手形・小切手の手数料

近年はオンラインバンキングが一般化しつつありますが、ＢｔｏＢのビジネスの場合、現金・預金に代わる決済手段として手形や小切手を用いる企業は少なくありません。手形・小切手にかかる手数料には次のようなものがあります。

① **発行手数料**

銀行からの手形用紙・小切手用紙交付の際には手数料がかかります。

② **印紙税**

手形に記載された金額が10万円以上の場合は金額に応じて一定の印紙税がかかるので、発行枚数が多くなると負担が多くなります。なお、手形で支払いをする場合の額面金額を分割すると印紙の節税ができます。

③ 手形割引の取立手数料

一方、手形を受け取って早く現金化したいという場合、企業が発行した手形を買い取ってもらう手形割引を利用できます。ただし、金融機関や手形割引業者などに手数料を支払う必要があり、その分だけ入金が減るデメリットがあります。

近年、とくに発行手数料は大幅に値上げされており、手形・小切手を使用する際にはよく検討する必要があるでしょう。

なお、2021年に閣議決定された「成長戦略実行計画」では、2026年を目処に約束手形の廃止を掲げています。

こうした手数料は一件あたりの金額で考えると節約効果はあまり感じられません。しかし、売上自体が数十億あるような企業であればもろもろの手数料は億単位の額になる場合もあります。

PLの支払手数料の勘定科目を見て、驚く経営者の方も少なくありません。チリがどんどん積もっているわけです。

そこまで売上が多くない中小企業の経営者だと、そのへんは「微々たるものだから」「自分はそんなことをちまちま考えるタイプではない」と軽視しがちです。部分最適しか考えていないわけです。

でも、そういった**細かい基礎的なところから見直すことのできない人に、大きな投資などできるわけがありません。**それこそ事業ではなくギャンブルになってしまいます。

さまざまな支払いのムダを削減することも1S、つまり整理、選別に通じます。本当にそれが必要なのか必要じゃないのかを細かい項目までチェックしましょう。

ここがまさにカイゼン思考です。

事例❶

ムダな携帯電話を解約

ある企業では携帯電話を会社で10台契約していました。

そこで、その10台の使用頻度はどのくらいなのか現状を見える化しました。

社長は個人でも使うので、もちろん使用頻度は高いわけです。

でも、会社には当然、固定電話があり、それ以外の9台はそれほど使われていませんでした。

そこで、固定電話と携帯電話の料金や使用頻度などを考慮し、必要のない固定電話と携帯電話はすべて解約することになりました。

事例2 入金サイト・支払いサイトをコントロール

ある企業は入金サイトが長いために資金繰りに苦労していました。

取引先との交渉ではなかなか埒があきませんでした。そこで、早く入金サイトが回るようなモノの売り方ができないかを模索していきました。

その企業のビジネスモデルはB to Bでしたが、販売の仕方を変えて、B to Cの領域にも販売を広げていきました。B to Cであればすぐにお金が入ってきます。

こうして全体的な入金サイトをコントロールする仕組みを作ることができました。

一方、支払いサイトを延ばす交渉が必要なこともあります。ただし、支払いサイトを延ばしたことによって、利子がついてしまう場合もあります。これは明らかにムダな出費になるので、どちらがメリットがあるかをきちんと検討する必要があります。

私は、金利や手数料は絶対悪だと考えています。徹底的に省いていくべきでしょう。

事例3 公私混同の経費処理をしている経営者

斜陽になる中小企業は、節税と称して、経営者が公私混同の経費処理をしているケースが少なくありません。

とくに、社長が起業し、すべての株式を社長が持っているような同族会社では公私混同が起こりやすいものです。

ある会社ではコロナ禍でキャッシュフローが悪化し、税金の支払いを2年間猶予してもらえました。その間に、会社のムダを徹底的に見直すことを提案しました。

そのなかには、社長は「ムダではない」と考えていても、客観的に見ると明らかに公私混同であり会社には何のメリットも与えていないものがありました。

まず、会社のお金で親族全員に生命保険をかけていた。どう考えても論外なのですが、社長は「家族を守るためにこの保険は必要だ」という理屈でした。では、従業員はどうなってもいいのかという話です。

また、この会社では社用車を社長がプライベートでも使用していました。社用車もムダの一つだったのですが、社長は「自分の足になっているので売れない」と。

多くの中小企業で私物化されやすいのが車です。会社の車を私用で乗り回しているケースが圧倒的に多い。

でも、それはプライベート用の車を個人の名義で買えばいいだけの話です。それを税金も払えない会社に負担させるという感覚がわかりません。

「こういうこと一つひとつが足かせになって、猶予された税金を支払えなくなりますよ」と提言しても聞く耳を持ちませんでした。

この会社は2年間の猶予が明けてもキャッシュフローが改善しないことはシミュレーションでわかっていました。

その間、社長は資金調達に奔走していましたが融資はとても望めません。財務諸表を見れば経営実態と財務状況に問題のあることが一目瞭然だからです。

結局、税金滞納で税務署から財産を差し押さえられ、コンプライアンス違反で取引先も離れていき、最終的には廃業することになりました。

5 評価する

持続的な成長への基礎体力を評価する

資金繰りを安定させる最大のポイントが、キャッシュフローの改善にあることが理解いただけたでしょうか?

では、カイゼン思考の最後のステップである「評価」に際して、その会社の資金繰りの状況をどう判断すればよいのでしょう?

もちろん、成果はシンプルです。

入ってくるお金が増える、あるいは出ていくお金が減ります。その結果、お金が残っているかどうかです。

ただし、単に現在キャッシュが残っているからいいというわけではありません。目先のキャッシュフローが改善したからと調子に乗って、残ったキャッシュをどんどん使ってしまうような経営者は要注意です。

投資する場合は、本当に効果的な投資ができているか、その投資が本当に必要かどうかを説明できるかどうかが問題です。それができなければ、ムダなお金だと判断せざるを得ません。

とくに、私たちのような第三者が評価する場合、最も重視するのは、その会社が将来性を望める環境に変わったかどうかという点です。

逆境に強いかどうかも評価ポイントです。

つまり、カイゼンによってその会社に持続的な成長を見込める基礎体力がついたかどうか。ここがいちばん重要です。

2 みなし残業の支払いを見直すカイゼン

1 見える化する ―― 労働環境の変化にもかかわらず、みなし残業制度を放置

これは、エクステリア業界のある企業（C社）の事例です。
エクステリアというのは、住宅の塀や門まわり、庭、駐車スペース、バックヤードなど、敷地の建物以外の部分を指します。

これらエクステリアの施工管理などの仕事を行うのがエクステリア会社です。C社は、主に建築材料・住宅設備機器の業界最大手の企業から仕事を受注する地方の下請け会社です。

エクステリア業界は一般に過酷な労働条件のところが少なくありません。**エクステリアのエンドユーザーは自分の仕事が終わった後や休日に商品を見ることも多いので残業は多**

くなりがちです。

そのため「みなし残業制度（固定残業制度）」を導入している企業も少なくありません。**C社も例外ではなく、みなし残業制度を導入**していました。

通常、従業員が時間外労働を行えば、企業は固定給の他に残業代を支払います。

一方、みなし残業制度は、企業が従業員に支給する給与に、あらかじめ一定時間分の時間外労働代を含める制度です。

みなし残業を導入している場合、次の割増賃金が給与に含まれることになります。

○労働基準法に則った1日8時間、週40時間を超える時間外労働に対する割増料金

○夜10時から朝5時までの労働に対する深夜割増料金

○休日出勤による労働に対する割増料金

ただし、原則として、月45時間・年360時間を超える残業時間を「みなし残業」とすることはできません。これは労働基準法36条で定められています（36協定）。

この制度を導入しておくと、これら一定時間内の残業時間が給与に含まれているので、他に従業員に残業代を支払う必要がありません。ただし、あらかじめ決められた時間を超える残業が発生した場合は、超過分の別途残業代を支払う必要があります。

C社は従業員数三十数名。従業員のみなし残業代は月30時間分、平均9万円でした。

みなし残業は一時期、社会的にトレンドになり、多くの会社がこの制度を導入しました。しかし近年、働き方改革が進むなど社会的な労働環境は変化し、企業は一斉に残業削減の方向に舵を切っています。

そうした世の中の変化にもかかわらず、みなし残業制度の見直しを行わず、そのまま放置している会社が少なくありません。

C社は以前コンサルティングファームの人間から、労務管理が楽になるからみなし残業制度を導入した方がいいとアドバイスされたそうです。

ところが、労働環境の変化もあり、多くの従業員がみなし残業代分の残業をしていないことがわかりました。にもかかわらず、制度を見直すこともせず、そのまま据え置いていたのです。

気づいてみれば、みなし残業代が人件費をかなり圧迫していました。

1 見える化する ―― みなし残業代年間2000万円のムダが発覚

C社の社長からの依頼は、みなし残業制度を含めて自社の経営環境全般を見直してほしいというものでした。

ほとんどの社員は、業界最大手の企業から仕事を受注していているので経営は安定しているものと勘違いしていました。実態を知らされていなかったのです。

でも、それもそのはずです。社長は財務諸表などを全くオープンにせず、社員には「給料はちゃんと払うから」と話していました。実際、ある程度の給与水準であり、賞与もきちんと払っていました。

依頼を受けた私は、まず社長にPLとBSの開示をお願いしましたが、見せたくなさそうな様子でした。

見せてもらったところ、ちょっと嫌な予感がしたので、「収支表を見せてください」と申し入れました。しかし、「収支表はない」というのです。

そこで、銀行の通帳など残高を証明できる書類を洗いざらい出してもらい、さらに過去の日繰りの資金繰り表も見せてもらいました。

PLでも明らかだったのですが、**収入に対して支出が多すぎる**ことが一目瞭然でした。原因は**従業員にお金を払いすぎていることでした。**売上に対する比率を見ても、人件費がかかりすぎていました。

そこで、どのように労務管理をしているのかを問うと、みなし残業代を払っているので、とくに労務管理はしていないとのことでした。人件費を圧迫しているのが、そのみなし残業代でした。

実際の残業時間とみなし残業ラインとの乖離がどのくらいあるのか、実態を調べてみると、全社員のものを合計すると年間で２０００万円ほど無駄に支払いをしていたのです。

2

目指すべき姿を決める

みなし残業代をやめれば借入金の返済に充当できる

C社は金融機関からの融資を受けており、返済額が2000万円でした。**みなし残業代のムダをカットすれば、その分をそのまま借入の返済に充てることができます。**ここが目指すべき着地点です。

社長には会社がいまどういう状況にあるかを事細かに伝えました。

「この売上のなかから従業員にこれだけの人件費を払っています。他にも事業に間接的にかかわっている人への支払いもあります。そうしたコストをすべて差し引いたものが本業力である営業利益ですが、そこがあまりにも少なすぎるのです。これでは経営が安定しませんよね」

さらに、銀行通帳から整理した収支表を作って、それを提示して次のように説明しました。

「毎月25日に数千万円というお金がどっと一気に流れていっています。これは何でしょう？　給料ですね。1か月サイクルでこの支払いタイミングが訪れるわけです」

キャッシュフローが悪化する原因は他にもありました。大手クライアントからの支払いサイトの問題です。

「○社に対する3月の売上が振り込まれるのが5月です。自分の生活で想像してみてください。3月に働いた分の給料が5月に支払われたら、3月、4月をどうやって生活すればいいのかという話になりますよね」

こうした根本的な問題にも言及しながら、みなし残業の水準を示したグラフを見せながら話を進めました。

「みなし残業代と実際の残業時間との開きは単なる会社の損失です。従業員の皆さんの労働力を使っていません。このみなし残業をやめれば、年間2000万円の人件費を削減できます。その分で借入金返済2000万円を払っていけます。こうして回していけばこれだけの利益が残ります。その利益から従業員の皆さんにボーナスかベースアップという形のインセンティブで還元すればいいのではないですか」

実は、ある一人の社員だけは「この会社、何とかしないとちょっとヤバそうだぞ」と危機感を持っていました。非常に前向きなマインドを持った人でした。ただ、多勢に無勢ですし、うまく説明もできなくて社長に煙たがられていました。

そこで、私はその人のいっている意味を咀嚼して、社長はじめ他の社員に伝える役割を担ったというわけです。

3

予測する

みなし残業のメリットとデメリット

みなし残業には、企業側と従業員側双方にメリットとデメリットがあります。

メリット

○企業側は残業代の計算をする手間が省ける

雇用側からすると残業代の計算が楽です。定められた時間分までの残業代は固定だからです。毎月、残業代の計算をしたり、残業代の変動に伴う社会保険料や所得税を確認する必要もありません。つまり、業務の効率化が図れます。

○人件費の見通しが立ちやすくなる

残業代が固定なので給与額が大幅に変動することはありません。人件費をあらかじめ把握できるので、経営側は資金繰り計画などを立てやすくなります。

○生産性が向上する可能性がある

企業側からすると、手当を増やすために長時間残業をしようと考える従業員が減るメリットがあります。「できるだけ仕事を早く終わらせよう」と考えるようになり、定時退社する従業員が増えて業務効率が上がる可能性があります。

同様に、従業員からすると、仕事を早く終わらせても残業代がつくので生産性向上の動機づけになります。それに、退勤するのが早ければ早いほどお得になります。

○従業員の収入が安定する

給与にあらかじめ一定の残業代が含まれているので、たとえば繁忙期と閑散期で残業時間に差があるような職場でも、従業員は残業代に頼らず安定した収入を得ることができます。

デメリット

○残業がなくても残業代を支払うので人件費がかさむ

最大のデメリットは、従業員が実際に働いた時間がみなし残業時間より少ない月が続いても、残業代を含めた固定給を支払い続けなければならないことです。そのため、支払う残業代の総額が増える可能性があります。

○規定時間は残業しなければならないと誤解される場合がある

強制的に残業をしなければならないと思われがちですが、残業の必要がなければ定時に退社してもかまいません。社内が帰りづらい雰囲気になるのを防ぐために、雇用側は従業員に誤解のないよう説明する必要があります。

○不当なサービス残業が増える可能性がある

みなし残業時間を超えて働いた分は別途残業代を支払わなければなりませんが、企業側が「何時間残業しても固定残業代以外は支払う必要がない」と誤った認識をしている場合、不当なサービス残業が増えます。

一つ確認しておきたいのは、みなし残業がすべて悪いというわけではないということです。

従業員全員の残業の状況を合算したときに、みなし残業代で設定している固定給に見合っていれば全く文句はありません。つまり、**コストと対価がしっかり紐付いていて、残業の実態を管理できていれば何の問題もない**わけです。

みなし残業のいちばんのメリットは、企業にとって残業代の計算などが不要になるということです。

ただ、これは単なる部分最適にすぎません。会社の経営という全体最適を考えれば取るに足らないことといえるでしょう。

とくにC社の場合、ムダな残業代を払っているために人件費がふくらんでしまうデメリットが圧倒的に大きかったわけです。

みなし残業をやめれば、大幅なコストカットにつながることは一目瞭然でした。

4 行動する —— みなし残業をやめて

5 評価する —— 従業員のマインドにも変化が

社長、社員の納得を得て、みなし残業の廃止は即座に「行動」に移されました。そして、現状に即した残業代を支払う実残業管理のシステムに変えました。

実は、**このケースのような案件はすぐに対策を打てば即効性があります。こうした案件を私は「純利案件」と呼んでいます。**

「目指すべき姿」はある意味で明確で、「予測」も立てやすい。あとはカイゼン策を素早く実行するだけです。

みなし残業をやめて、残業代は現状に即して別途支払うことにしたところ、トータルすると年間2000万円の人件費を削減することができ、これを借入金の返済にそのまま充てることができました。

みなし残業をもっと早めに見直しておけば、もしかしたらこの借入そのものが必要なかったかもしれません。

○カイゼン思考が社員のマインドを変えた

みなし残業を廃止したことの効果は他のところにも表れました。むしろ、こちらの方が重要な効果だったともいえるでしょう。

みなし残業を廃止する場合には、対象となる社員の合意を得ることが大前提です。会社側が一方的に廃止するのは法的にも道義的にも問題があります。

では、みなし残業がなくなることをC社の社員はどう受け止めたのでしょうか？

実は、**みなし残業代がなくなったことに対して、多くの従業員が「給料が減らされた」という感覚ではなく、「正しい評価に変わった」という受け止めをした**のです。

そして、本当はもらえなかったはずのお金をそれまではもらっていたことに対しての申し訳なさも感じたようです。

このように、従業員のマインドが大きく変化しました。全社的にカイゼン思考が浸透したことの成果でした。

もちろん反発を感じた従業員も一部にはいたでしょう。でも、そういった人はすぐに辞めてしまいますし、そういうマインドではどの会社に行ってもダメです。

また、「自分だけ得すればいい。会社のことは知らないよ」といった考え方をする社員のいる企業は繁栄もおぼつかないでしょう。

カイゼン思考の重要なポイントは、経営者の考え方が変わるだけでは不十分で、その思考を全社員に植え付けることです。

そのためには、隠すことなく会社の実態を開示することが大事です。**まずは現状をしっかり1Sをして、社員に伝えること。**そして、一人でも多くの協力者を得るよう努めたいところです。

前述したように、エクステリア業界は残業が多く、みなし残業制度を導入している会社は少なくありません。物流業界も同様です。そうした業界にはみなし残業を当然と考えている人も多いでしょう。

そうした発想をどのように変えていけばいいのでしょうか？

それは、やはり現状をリアルに見せることがいちばんです。

「みなし残業が30時間ついているけど、あなたは月10時間しか残業してないよね。この20時間は誰が補填しているの？　会社です。このあなたに払っている20時間分の残業代は会社にとって純損に値するものです。つまり会社に損失を与えている。会社の損は自分の損なのです。働いた分を払わないといっているわけではありません。働いた分だけの給料をもらうのが普通ですよね」

このように、当たり前のことを開示して、わかり合えるまで丁寧に説明することが大切です。理不尽な言葉を発するのではなく、労働基準法で決められていることを話すという、その繰り返しです。

5

評価する

みなし残業廃止を契機に社員の利益意識が高まる

C社の事例の「評価」についてはとても単純です。純利案件なので即効性がありましたし、自己評価、費用対効果評価、第三者評価はいずれも一致しました。

特筆すべきは、みなし残業を廃止したあとに大きな付随効果があったことです。

それは次のようなものでした。

決算が近くなったときに、目標売上が足りないという状況になりました。それまで大手クライアントの案件が売上のほとんどを占めていましたが、実は他に自社商品の販売も手がけていました。

キャッシュフローの入金サイトを短くするのが一つの目的でした。また、自社製品の販売は利益率が高いことも理由です。

この自社製品について、各部署が垣根を超えて販促に力を入れるようになったのです。製造、設計、施工、営業と職種に関係なく、**自主的に「全員で営業をやろう」といったことに取り組み始めました。**

自社製品の売上が伸びないと利益が残らないことに気づいたわけです。

それまでずっと大手クライアントに依存してきたけれど、その利益率のままでは売っても売っても非効率だということを体験したからでしょう。

みなし残業の一件で、初めて会社の状況を知り、それまでどれだけ社長が気を遣ってきたかに30名の社員全員が気づき、その感謝の気持ちを分かち合ってくれました。

決算を間近に控えて、売上目標を絶対に達成するという気概で、全員で営業をかける取り組みを進めました。

全社員の間で、どうすれば会社の利益が上がるかという「利益意識」が高まったのです。社員一人ひとりがそういう意識になった会社は強いです。

まさに**カイゼン思考の大きな成果**でした。

○経営者はカッコつけてはいけない

企業がこういう組織に変わるためには、やはり経営者の姿勢が最も大事です。

私は基本的に、世の中そんなに悪い人はいないと思っている楽天的な人間です。でも、実態を知らずに闇に埋もれていると、憶測が飛び交って組織は変な方向に行ってしまいます。

会社の経営実態をすべてきれいに開示して、社員に理解してもらうという努力をすることは、経営者にとって必要不可欠のスキルでしょう。

会社の経営は良いときばかりではありません。カッコつけても仕方がない。きついときにきついといえるのは凄いことです。

パートナーに「今月ちょっと厳しいから、小遣い2万円にしてくれない?」といえるわけです。そういう関係性は大事です。

社長だからと肩肘張る必要はありません。人間誰しも、裏を作れば相手は裏を読んできます。経営者ほどそういうことをやりがちなので気をつけたいものです。

カイゼン思考はあくまでも全体最適を目指すものです。

目の前の課題を片付けなければと毎日奔走していると忘れてしまいますが、**本質的に必要なものを判断する早さ、１Ｓの訓練は必要**です。このタイミングでこれは要らないよね、と判断する選別力を普段から養っておいてほしいです。

Part

5

カイゼン思考で、健全な組織をつくる

見える化する

1 主観的な人事評価になっていないか？

健全な組織体制を作り上げるために必要不可欠なのが人事評価制度です。

人事評価を適切に行うことは、従業員のモチベーションや生産性の向上に直接かかわってくるので、最終的には企業全体の成長を大きく左右することになります。

人事評価において最も大切なことは何でしょう？

それは「納得感」と「公平性」です。


人事評価で従業員が最も不公平を感じるのは、評価内容の透明性が担保されていないということ。つまり、「評価の基準が不明確」だということです。

そもそも、**会社によっては評価基準自体が曖昧**なこともあります。

その最たるものが、**評価する側の主観的な人事評価になってしまっている**場合です。

曖昧な評価基準では、評価を属人的な裁量に任せてしまうことになってしまいます。簡単にいうと、好き嫌いで評価してしまっているということです。

実際にこれまでかかわった企業で、上位層の役職を持っている人であっても、いままで媚びへつらって出世してきたという例もありました。従来型の日本の企業にはよくある話で、能力はともかく、上司に気に入られて引き上げられるというケースは少なくありません。

この場合、**気をつけなければならないのは、えこひいきしているつもりがなくても、結果的に社長や上司と気の合う人が評価されるケースが少なくない**ことです。

○カイゼン思考で人事評価

そこで人事評価に取り入れたいのがカイゼン思考です。**カイゼン思考は組織全体を変革するパワーも持っています。**

まずは自社の人事評価が主観的な評価になっていないか、現状をきちんと認識しましょう。

私が組織を評価するときに必ず質問するのは、「人事評価で何をどういうふうに評価していますか?」ということです。

どういう評価基準を持っているかを聞いて、実際にどういう評価をしているかを説明してもらいます。

そこを把握して、主観的評価が通例になっているような場合は「それで本当に強い組織になっていると思いますか？」と経営者に考えてもらいます。

結論は自明です。**社員の業績や貢献度を評価することは、すなわち自社の業績を査定することに**もつながります。

1 見える化する ―― 「この会社は何を評価するのか」を明確化する

人事評価を見直して客観的なものに変えていく際に大切になる前提があります。

自社が「何を評価するのか」を明確化することです。

それは言い換えれば、その**企業がどのような経営戦略で会社の成長を目指すのかという根本の部分**です。

つまり、**評価基準とはイコール従業員の行動基準**でもあるわけです。

Ｐａｒｔ２でもお話ししましたが、人事評価においても、その会社の現在地、自分たちの立っているポジションとゴールを明確化することが大事になります。

よくありがちなのが、人事部が頭でっかちになっていて、人事評価に使えるからと勧められた目標設定シートを目的もわからずになんとなく導入するといったパターンです。評価している側も何を評価しているのかわからないし、評価される側も現在地もわからずに書かされているわけです。それで、「社長がこんなこと話してたな」みたいな目標をそのまま書いたり、社長に気に入られそうな文言を書くといったやり方になってしまい、運用がうまくいかない。一見、体裁は客観的でも感覚でやっているだけで、これでは客観的な評価には全くつながりません。

客観的な評価を導入するためには、会社における自分たちの業務という足元を見直す作業から始める必要があります。

2

目指すべき姿を決める

誰が評価しても一定になる客観的評価を作る

あるべき姿は、主観による評価から脱却し、誰が評価しても一定の評価になる客観的な人事評価制度に変わっていくことです。

社長が評価しても中間管理職が評価しても、誰が評価しても結果は一定になるような明確な基準を作ることが大切です。

人事評価を客観的なものにしていく方法は各企業によって異なりますが、基本的には評価基準や目標は数値化することが重要です。そのためのツールとして評価のレベル表、ランク表のようなものを作成します。つまり**社員の「成績表」**です。

学校のように5段階評価でもいいし、◎○△でもいいのです。100点満点での評価でもいいでしょう。

大事なのは、**会社によって特色を出しながら、明確な基準で評点できるシステムを作る**ことです。それによって、**従業員はどう行動すれば評価されるということが明確に理解で**

きるようになります。

ただし、公平な人事評価制度というのはすべての社員に対して全く同じ評価基準を設けることではありません。各従業員の役割に合わせた評価項目や目標、適切な評価基準を設定しましょう。

○人事評価で大切なのは「現場感覚」

その際、評価の内容をどう決めていけばいいのでしょうか？

これまでの経験で、最も効果的なやり方は次のようなものでした。

まず、**それぞれの部署で直接業務にかかわっている人たちが、自分たちのやっている業務の棚卸しをする**ことです。

それに対して、**管理する側は「こういうことを望んでいる」という棚卸し**をします。

そして、それぞれ紐付くものは紐付け、紐付かないものは**「必要な業務か、ムダな業務か」をジャッジし、それを評価項目に反映**していくのです。

採点基準を明確にしたガイドラインを、評価する側とされる側の共同作業で作っていきます。

要するに、**評価項目の「見える化」**です。

こうした手順で全員がかかわって取り組むことで従業員の納得感も高まります。

経営者が勝手に決めたものではないし、マネジメントクラスが社長好みに作った基準でもないので、「○○さんは部長に好かれているからボーナス多そうだな」といった疑心暗鬼に陥ることもありません。

人事評価制度で大切なのは「現場感覚」です。実務に照らし合わせて評価を決めていけば、社長や上司の主観の入りこむ余地がないので、えこひいきしようがないのです。

このように、評価基準を標準化していくことが大切です。

その前提として、経営者が自社の方針を明確化し、そこから逆算して従業員に「何を望むのか？」を明確に伝えることが必要になります。

評価基準の設定が仕事全体の見直しにつながる

経営者と社員の共同作業による人事評価基準作成を支援したこんな事例があります。

社長の悩みは、「ちゃんと評価しているつもりなのに、従業員が納得してくれない」というものでした。

どういう評価をしているのかを尋ねると、それぞれに目標設定シートを書いてもらい、達成できたかどうかを上司が評価して給料を決めているということでした。

そこで改めてお話ししたのは、「その目標はどういう意図でどういうプロセスで決められているのか？」ということです。

社長の答えは、「私の顔色を見て、私の好きそうなことを目標にしているような気がする」とのことでした。

社長自身がそれだけ不確かだということは、評価自体が曖昧だということです。それでは誰にも伝わらない評価になってしまっています。

そこで、目標を設定する前に、自分たちが普段どういう業務を行っているかを整理し、どう評価するのが従業員にとっていいのかを上長に考えさせるという座組を作りました。

そして、業務の棚卸しをしたものに対して、こういう評価基軸を持ちたいという上長の考えを突き合わせ、そこであぶり出されたものについて「これは必要。これは不要」という振り分けをして、必要なものだけを評価項目に加えていくという作業を行いました。

その結果、現場に存在するムダや上長が見ることのできていなかった部分などが可視化され、評価のポイントが整理されていきました。


このように、**評価の「ものさし」を明確化していくプロセスは実は仕事自体の見直しにもつながってきます。**

「この仕事が本当に必要かどうか」「ムダな作業ではないか」を客観的に1S（選別）していくための作業にもなるのです。

定性情報を定量化して評価基準にする

評価にあたっては数値化することが基本であると述べましたが、数値化しにくいものもあります。

業績、売上などは数字として一目瞭然に表れます。逆に、数値として評価するのが難しいのは、安全性やストレスレベルなどです。ここをどう評価するかが人事評価制度の設計でいちばん難しいところです。

そこで、**安全性については、ある程度の安全レベルを会社として定義し、決めた基準に対して評価をしていく**ことになりました。

たとえば、1年間健康で仕事に従事できたこと、怪我を一度もしなかったことなどを基準にし、そこからプラスマイナスで評価していくことにしました。

ストレスチェックについては、他己評価が有用です。

「この人は元気がなさそうだった」「この人は急に目の色が変わって生き生きしていた」という他人から見た印象を5段階評価にして、この点数が平均的に3を下回らなければ、その人のストレスレベルは健全な範囲内で精神疾患の恐れもないという基準を作ったりしました。

評価基準を標準化する際に、それが本当に客観的なものかどうかの判断は難しいところがありますが、やはり数値化以外に方法はないでしょう。

基準が間違っていないかどうかはまず横に置いておいて、**数値化するプロセスが重要**です。

安全性やストレスレベルなどは主観的に映りがちですが、スコアリングしようと思えばできることでもあります。

ポイントは、数字では表わしにくい「定性情報」を数字で示せる「定量情報」に変換していくことです。

安全性やストレスレベル以外にも、人事評価における定性評価としては、人材の質、会社の方針やビジョンの理解、職務に対する姿勢、勤務態度などがあります。

これらについても、業務のプロセスを分解することで定量化できる情報を見つけ出して、客観的な評価指標につなげていきましょう。

数値化することによって、それがその会社、その組織のルールとして存在するという状態になります。すると、それが基準になるわけです。そこに社長の意思が入りこむ余地はありません。

評価基準の標準化にあたっては、第三者が介入するのが理想ではありますが、ある程度スコアリングしていけば最初は完璧なものではなくても、いずれは客観的な基準に近づいていくでしょう。

まずは、**「決めて」「やってみる」ことが重要です。それが経営者の資質としてもとても大事なこと**です。

経営には答えのないものも多いでしょう。でも、そこをしっかりと決断をして、一定のラインを引くことも経営者の仕事です。組織や人事の評価はそうした訓練としても非常に有用です。

3 予測する 成果による評価で社員のモチベーションが高まる

人事評価が客観的で公平なものになれば、会社や従業員はどのように変化していくでしょうか。次のようなメリットが考えられます。

① 従業員のモチベーションが高まる

まず、客観的な評価になれば、成果を上げている人が評価されるようになります。これが従業員のインセンティブになります。「仕事で高い成果を上げれば、会社から評価されて報酬もアップする」という仕組みを理解すれば、キャリアアップに対するモチベーションは高まります。

人事評価に対する不満も解消し、当然、離職率も下がるでしょう。

もちろん、評価が給料やボーナスのアップという金銭的なメリットにつながりますが、「自分のやったことを正当に評価してもらえた」という事実そのものが従業員にとって強いインセンティブになります。

頑張って成果を上げても誰も認めてくれなければ、誰だってヤル気を失い、頑張ろうとはしなくなります。

公平な人事評価制度は、従業員の成長を促すための仕組みとしてもとても大切なのです。

② 社内のコミュニケーションが活発化する

人事評価の見える化には、コミュニケーションが活発化するというメリットもあります。

とくに、上司と部下のコミュニケーションが深まるケースが少なくありません。そこには大きく2つの理由があります。

まず、人事評価制度を運用するプロセスで目標設定やフィードバックのために上司と部下の面談が設定されることになります。こうした面談の機会を通して、お互いの話をじっくりと聞けるようになれば信頼関係も深まり、パフォーマンスアップも期待できます。

また、適正な評価を行うためには、上司と部下がコミュニケーションを取り合う必要があるからです。とくに、数字には表れない能力評価や行動評価を行うには、上司は部下をよく観察することや仕事内容をしっかりと把握することが必要になります。したがって、上司から部下へのコミュニケーションは自然と増えていきます。

③ 適材適所が実現する

会社にとっては、適材適所が実現できるメリットもあります。

客観的な人事評価は、さまざまな角度から従業員の仕事レベルを判定するものですから、その人にどのような部署や職務が向いているのかも示してくれます。とくに、標準化された人事評価は、他者からの客観的な視点に基づくものなので、本人が気づいていない適性が発見されることも少なくありません。

④ 昇級・昇格・昇給の公平性や納得感が高まる

客観的な評価制度がなければ、昇級・昇格・昇給は経営者や上司の恣意的な判断で行われることになります。すると、従業員は、仕事で成果を出すよりも、社長や上長にどう気に入られるかに腐心するようになります。

評価制度を標準化することで、誰もが納得のいく人事が行われるようになります。従業員の側も、どうすれば昇級・昇格でき、給料がアップするかが具体的にわかるようになります。

また、主観的評価だけで役職者に上りつめたような人に対する不公平感や不満もなくなるでしょう。そうした人に対して、客観的な評価によりもし低い評価が出た場合は、日本の企業ではタブーとされていますが、降格・減給を考慮する場面も必要でしょう。

一方、デメリットはどうでしょうか？

一つは、従業員が、評価の対象ではない業務には意欲的でなくなるリスクがあります。つまり、評価される仕事しかしなくなってしまうわけです。

ここは、会社が成果を出すためにやってほしいことを明確に示すことや定性評価にも考慮することである程度解決できるでしょう。

また、評価の低い従業員の不満要素になるという可能性も考えられます。しかし、どのような評価が行われたとしても不満を持つ従業員は一定程度います。

なぜそういう評価になったのかは客観的に示されており、評価の低かった人にとって軌道修正する方向も明確ですから納得感は高いはずです。

ただ、低評価の従業員に対して、社長や上長が次回はどうすればいいかをアドバイスするなど適切なフィードバックも必要でしょう。

仮に、評価に不満を持つ人がいて人材流出につながったとしても、長い目で考えれば同じ思考の人たちだけが会社に残ります。離職率は減るし、一方で出戻り率も上がるでしょう。

一度転職して他のところを見て、「やっぱり前の会社って良かったんだ」と思うケースも少なくありません。

○人事評価で企業文化をつくる

メリットとデメリットを比較してみると、やはりメリットの方がはるかに大きく、客観的な人事評価を導入した組織は強くなることが明らかです。

企業と従業員との間の共通言語や価値観が明らかになることで企業文化が醸成されていく。そういう相乗効果もあります。

「こういうことをすれば評価されるんだ」というミクロ的な発想の先に、「こういうことをすれば会社は繁栄するんだ」というマクロ的な理解が深まることも期待されます。

数値化された評価基準で計算して仕事をしていく延長線上に、計算した流れで仕事をしたことが会社にとっての利益にもなる、そのように評価制度が設計されていれば、企業にとっては願ったり叶ったりです。

経営者にしてみれば、評価に対するコンプレックスや後ろめたさみたいなものもなくなります。

管理職などマネジメントする側にとっても、従業員の現場での仕事のここが良いという点を褒めることができますし、できていなければ評価項目に着眼して助言することができるわけですから社員教育も楽になります。

評価自体が会社の共通認識になっているので、小学生に「よくできました」「ここをもう少し頑張りましょう」といって、成績表を渡すのと同じような状態です。

昔の働き方からは想像できませんが、一般のサラリーマンにとっても、会社で長時間働いている人が評価されるような時代はもう終わっています。

労働環境や価値観は大きく変わり、評価はより客観的に、合理的になってきています。

会社の利益に直結しているかどうか。それが唯一の評価基準です。ここを理解することが大事でしょう。

4 行動する

納得感のある評価への「スキルマップ」を作る

人事評価基準を客観的なものにするためには、数値による評価が必須です。その一つが「スキルマップ」です。

スキルマップというのは、従業員一人ひとりが業務を行う上で必要なスキル（能力）を持ち合わせているかを確認して記録し、可視化するツールです。力量管理表あるいは力量表とも呼ばれます。

もともとは製造業の現場で使われていました。生産現場で作業員ごとに「できること」と「できないこと」を明確にして、日々の生産ライン構成を考えるツールです。

一人ひとりのスキルを項目化して採点し、一覧表にすることで、すべての従業員の業務遂行能力をひと目で把握できます。

この**スキルマップを人事評価に活用すれば、透明性があり、納得感のある評価を行うことが可能**になります。

「誰がどの程度のスキルを持っているか」「どのくらいスキルアップできたか」などの情報を客観的に把握できるからです。

もちろん、スキルマップを業務の効率化に生かすこともできます。**一人ひとりのスキルや得意不得意を可視化することにより、どのような教育を行えばよいかがわかったり、適材適所の人材配置を行える**からです。

スキルマップの基本形は173ページのようなものです。ここからレーダーチャートを作成して直感的にスキルを把握する場合もあります。

もちろん、スキルマップに設定する項目は担当部署や業務内容などによってそれぞれ異なってきます。

たとえば、営業の部署であれば「メールのテキストがきれいかどうか」「レスポンスの速さ」「顧客にどのくらいの頻度で接触しているか」「どのくらいのリードを獲得したか」「トスアップ（社内紹介）数はどのくらいか」「クロージングの件数」といったことが項目に含まれます。

営業であればクロージング件数は最も重要になります。クロージングしてくれる従業員がいちばん心強いのはいうまでもありません。

さらに、その営業部員がフィールドセールス（顧客と直接対面する外勤型営業）、インサイドセールス（メールや電話などによる内勤の営業活動）、カスタマーサクセス（顧客の成功を支援する取り組み）など何に長けているのかなど他の分析にも使えます。

ただし、クロージング能力が高いからといって、他のことをお粗末にしていれば評価は低くなります。

他の項目もたとえば5段階で評価して、レーダーチャートを作ってバランスを見ることも必要になります。

よく「口下手では営業はできない」みたいな話を聞きます。でも必ずしもそんなことはありません。裏方でも「トークスクリプト（顧客との会話やシナリオをあらかじめ決めた営業台本）を作る能力が高い」とか、「営業分析が得意」「人の心理を操作できるようなガイドラインを作ることができる」といった能力も営業活動に有効です。

このように、一つの営業という職種でも、さまざまな切り口からの評価を加えていって、総合的なスキルとしてのマップを作っていくわけです。

スキルマップは一度作っておしまいではありません。「継続的に作り続けるもの」と考えて、随時更新していきます。スキルマップ自体もＰＤＣＡを回しながらカイゼンしていくことが必要です。

スキルマップは配置転換を行うときのツールとしても有用です。

「理想のチャートの形はこうです。自己評価はこうだけれど、上司や周囲の評価も加えてチャートを見ると、ここに乖離があります。基準に照らし合わせると、あなたは営業よりも総務に向いているのではないでしょうか」

といったように、スキルマップを使えば客観的に説明することができます。

スキルマップの作り方の基本ポイント

スキルマップをつくるときの基本ポイントを簡単にまとめておきます。

① 業務を洗い出してスキル項目を設定する

業務の内容や流れを考慮して、必要だと考えられるスキル項目を抽出します。漏れのないように洗い出します。この洗い出しそのものが、現場で行われている業務の評価ポイントを見直すことにつながります。

② スキルの階層を作成してマップを体系化する

スキルをいくつかの階層に分けて設定し、必要な項目を埋めていき、それぞれの項目の詳細（内容）を記載します。レイヤーは、職場の業務フローの順に沿って必要なスキルを抽出した上で作ります。

たとえば、第1階層は「業務項目」で区分し、第2階層は「作業項目（スキル）」といったように徐々に細かく分解していきます。階層はあまり細かくなると煩雑なので、2〜3階層程度が望ましいでしょう。

③ スキルレベル（評価基準）を決める

次に、スキルの達成度を判定するためのレベルを決めます。

そのスキルが「できる／できない」という二項対立で評価する場合もありますし、習熟度に応じたレベルを設定することもあります。レベル1～4の4段階評価が一般的ですがA～Eといった5段階で設定することもあります。

さらに、数字による定量的な評価だけではなく、「単独で業務を遂行できる／指導を受けながら遂行できる／人に教育できる」など詳細に記載すると、その従業員のスキルの状態がより可視化できます。

④ 個々の従業員のスキルを評価する

スキルマップが完成したら、従業員ごとにスキルレベルを棚卸しして評価していきます。評価は、「上司が部下のスキルを評価して記入する」パターンと、「本人が自分の考えるレベルを記入し、上司が評価・修正する」というパターンがあります。

⑤ レーダーチャートを作成する

基本形によるレベル評価だけではその従業員の強みや弱みが伝わりにくい場合もあります。そこで、必要に応じてレーダーチャートを作成します。

レーダーチャートは、各項目に対応する軸を中心から放射状に引いて、評価を軸上にプロットしていって、その点同士を線でつないで作る多角形のグラフです。

グラフの図形の大きさやゆがみで、評価の全体的な良し悪しや各評価項目のバランスを直感的に把握することができます。

スキルマップは各種のテンプレートも用意されているので、必要に応じて活用するとよいでしょう。

人事評価システムにはパッケージソフトになっているものなど、いろいろなものがあります。それを自社に合うようにカスタマイズして使うのもいいですが、**お金を払ってそうしたシステムを購入するよりも、カイゼン思考に基づいてゼロから自社で仕組みを作ることをお勧めします。**

人事評価システムは一つのツールにすぎません。スキルマップも同様です。

現在地が明確になっていて、評価基準が標準化され、きちんと目標の設定ができるような段階になっていれば、次のフェーズとしてＭＢＯやＯＫＲを導入して運用してもいいでしょう。

スキルマップのサンプル：職種・職務「経営戦略」のケース

推計値	評価	作業項目	スキルレベル（評価基準）	4段階評価
ビジネス知識の習得	3.7	ビジネスや社会経済の一般動向の習得	政治経済動向、一般常識などの基本的事項や関係するビジネス分野の知識の習得に取り組んでいる	3
		会社の仕組みの理解	会社の事業領域や組織形態や組織構造について概要を理解している	4
		ビジネスマナーの習得	会社の経営理念や社是・社訓等の内容を理解し、可能な範囲で実践している	4
企業倫理とコンプライアンス	3.5	諸規程、諸ルールの順守	担当職務の遂行において従うべき法令上の要請事項を理解し、必ずこれを守っている	4
		倫理的問題の解決	職務において自己の能力、権限を超える場合には、独断で判断を行うことなく上位者に相談し助力を求めている	3
関係者との連携による業務の遂行	2.5	チームワークの発揮	周囲から質問や助力を求められた場合には快い態度で対応している	2
		周囲との関係構築	周囲との積極的にコミュニケーションをとり、友好的な人間関係を構築している	3
課題の設定と成果の追求	3.3	課題・目標の明確化	組織内の業務分担や自分が果たすべき役割を自覚している	3
		進捗管理の推進	あらかじめ設定されたスケジュールに沿って作業を推進し、計画通りに進まない見込みの場合には上位者に相談しながら速やかな対応を行っている	4
		成果へのコミットメント	困難な状況に直面しても真摯かつ誠実な態度で仕事に取り組んでいる	3
コンセプト構築	3.7	経営関連情報の収集	社内外の勉強会やビジネス書、新聞・雑誌等を通じ、積極的に情報の取得を進めている	4
		情報の分析	業務で活用する情報はビジュアル化などの工夫をしながら、活用できる資料にしている	3
		コンセプト構築	自分なりの問題意識を整理し、考察、提言をしている	4

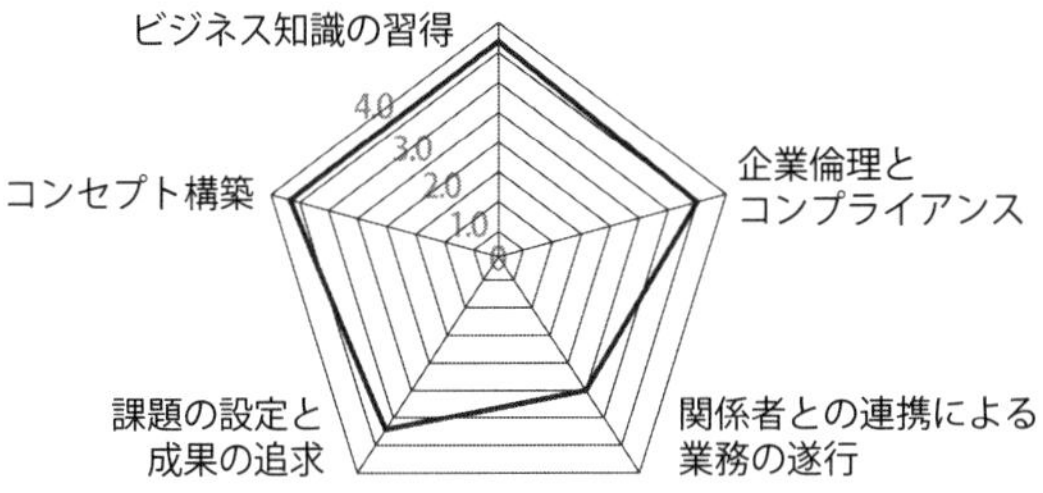

出典：厚生労働省「職業能力評価シート：職種・職務〈経営戦略〉」を一部改変

まずは、自社の方針に紐付いた評価のための骨組みをしっかり作ることが先決です。

5 評価する

評価の標準化で本当に必要な人材が明確になる

本来、人事評価は個々の従業員のスキルや成果を判断基準にすることで公平性が保たれます。

ところが、会社というものは、気をつけないと属人的になりがちです。

長く会社に在籍してベテラン社員になるほど、経営者や周囲は「この人にしかわからないことがあるから」という根拠のない信頼を寄せてしまいます。

主観的な評価によって会社で一定の地位を得た人に対して、経営トップや上層部は間違った温情主義で接しがちです。目に見える成果を出さず、客観的な評価としては低いにもかかわらず、降格や減給といった対応にはどうしても二の足を踏んでしまいます。

そのいちばんの理由は、**その社員をキーマンだと勘違いしていて、「この人に辞められたら困る」と思い込んでいる場合が少なくない**ことです。

しかし面白いことに、社内では頼りになるといわれていた人が、標準化した人事評価によってC評価となり、それに納得できずに退職したところ、**その人が辞めてからの方が会社の業績が伸びた**というケースがありました。実際に、そういう会社をたくさん見てきました。

長年の固定観念で「この人に任せておけば大丈夫」という思考の経営者は、事実を見誤りがちです。業績が悪いのに、なぜ「この人に任せておけば」という思考になるのでしょう。そこが全くリンクしていない。目が曇っているとしかいいようがありません。

「あの人は仕事ができるから」「この人がいないと会社が回らない」という見方は、属人化を黙認しているのと同じです。

そういうケースでは、その社員が仕事の進め方や進捗などの情報を自分だけが握っていて、他の従業員には知らせないというパターンも少なくありません。

いうまでもなく、業務が特定の人のものになり、その人しかわからない状態になってしまうと、業務がブラックボックス化して業務効率や業務品質は低下します。業務の属人化は会社の成長を阻害する大きな要因になります。

こうしたことを踏まえれば、**人事評価はどんどん客観評価に変えて、年齢、性別、勤続年数などに関係なく、「会社に貢献しているかどうか」「利益を上げているかどうか」という一点で評価するようにすべき**です。

企業の目的はシンプルです。利益を上げることです。その視点から「会社にとって必要な人材かどうか」を判断することが重要です。

人事評価を標準化することで、「どういう社員が本当に必要な人材か？」が明確になります。

そして、評価基準を理解した社員のベクトルが合ってくれれば、会社の風通しもどんどん良くなっていきます。もちろん、**やらなければならないことが明確になるので、作業効率も業績も上がっていきます。**

人事評価は評価される側にとっては個人的な出来事かもしれませんが、そこは全体最適を考えなければならないものです。評価する側は、**個々の従業員への評価は全体最適に一直線につながっている**ということを明確に説明できなければなりません。

人事評価の標準化における考え方はきわめてシンプルです。

従業員に対する評価は会社の利益に直結しているというのが大前提です。

そこから実際の業務が一直線に紐付いていて、リスト化されていてチェック、採点できるという状態になっているのが真の標準化であり、健全な環境なのです。

事例

人事評価のカイゼンで2桁台だった離職率が5%以下に

ここで、かつて人事評価基準の策定をサポートした結果、離職率が大幅に減った事例を紹介しましょう。

その会社は、お土産で有名な地方のお菓子屋さん（菓子工場）です。

従業員は700名ほどいるのですが、離職率が2桁台とかなり高かったのです。

お菓子屋という業態は、朝早かったり、イベントが多かったりなど、激務という理由もありました。

でも、それにしても離職率が高すぎます。その原因を探っていくと、人事評価の基準がやはり曖昧で、適材適所ができていませんでした。当然、評価表やスキルマップもありませんでした。

たとえば、新入社員でいったん配属されると、ずっとそこの部署に居続けることが常態化していました。新しい部署ができると、そこはある程度のベテランを優先して配属していました。

べつにそんなルールは必要ないはずですが、長年の習慣で暗黙のルールになっていました。

明治時代の創業で歴史があり、そこから脈々と受け継がれている伝統みたいなものもあるわけですが、そうした慣習を壊していかないと、いまの若い人たちはついてきません。しかし、根性論や年功序列が当たり前のものになっていたのです。

客観評価によって納得感を高めていかないと従業員のモチベーションは上がらないのは目に見えていました。

社長からの依頼は、「まず、トヨタのカイゼンのやり方を従業員に教えてほしい。その上で、会社を挙げて人事評価制度を作って運用するところまでやりたい」ということでした。

例によって、私はまず工場の現場を見せてもらいました。そして、課長連中を中心に、トヨタの創意工夫という考え方やカイゼン活動について手ほどきをしました。

なかでも社長以下、皆さんにとくに刺さったのがステップ⑤の3つの評価の部分だったようです。社長は「客観的でわかりやすいので、人事評価にも活用したい」と前向きな姿勢でした。

実際、カイゼン思考における「評価」は、人事評価にも通用するところがあります。まずは業務の棚卸しをしてもらって、評価項目をリストアップしてもらい、スキルマップを作ることになりました。

社員700名の規模なので当然、人事評価を行う人事部はあります。その人事部を中心に、部長クラスと現場で評価を行う課長クラスの人たちに説明し、こういう構造でいきますと確認しました。さらに彼らが、現場で働いている従業員の業務の棚卸しをサポートするなど、全社を巻きこんだ形で評価制度を作り上げていきました。

最終的にスキルマップの形ができて、私が第三者として客観性を審査・担保した上で、リリースして運用することになりました。

人事評価制度が標準化されることによる最も目に見える効果は、やはり離職に強烈に歯止めが利いて定着率が向上するということです。

この会社も結果として、**2桁台だった離職率が5%以下になりました。**

評価表やスキルマップを作ることによって、たとえば製造工場のある従業員は和菓子には向いていないけれども洋菓子は向いているといったように、スキルや適性が明らかになっていきました。あるいは、よくイベントに借り出されていた従業員が実は店番の方が向いていることもわかりました。

こうして**適材適所に人員配置をすることが可能になって、従業員のモチベーションが上がるとともに、ワークライフバランスも整ってきました。**

評価表のなかの情報から、「家庭の事情で、本当はこの時間帯は出勤したくなかったが、無理に仕事に来ていた」といった状況がわかったケースもありました。

労務状況も見える化されて、それらを加味しながら適材適所に人を配置できるようになった結果、離職率が下がったのでしょう。

○工場再開で、社員全員が戻ってきた

実は、この会社はコロナ禍で工場を1年ほど閉めていました。その間、給料は支払っていたものの、1年の間ですから別の仕事も当然しなければなりません。社長は「全員退職して他のところへ行ってしまうのではないか」と危惧していたようです。

しかし、工場が再開すると、全員が戻ってきてくれたそうです。コロナの影響もだいぶ緩和されてきて、一気に売上も取り戻しました。市場もまだまだ伸びており、さらに成長が期待されています。

離職率が下がるというのは、企業にとっては強みになります。売上を伸ばすことにも貢献し、利益を上げることにも結びつくということを実感する例となりました。

「業務」と「評価」はワンセットで考える

このお菓子屋さんの事例にも当てはまりますが、スキルマップや評価表を作る際にとても大事なポイントがあります。

前述しましたが、それは**「業務」と「評価」をしっかりと紐付ける**ということです。実際の業務内容と評価項目が「会社の利益」という共通の目的で結びついていなければならないのです。この基本思想は絶対に変えてはなりません。

あとは、そこにポイント制度でもカウント制度でもいいので、評価の内容を数値化することが大事です。

ただし、たとえ評価が数値化されていても、それが会社の利益に貢献しない評価内容では意味がありません。

また、評価に紐付ける業務を棚卸しする際に大事なのも1Sです。

この業務が「本当に必要なのか？　必要でないのか？」をしっかり選別すること。そのプロセスが最も重要です。

評価基準を作り上げる過程で、「この業務は会社の利益のために必要だから、ここを評価基準にすべきだ」、逆に「この基準に照らして考えると、この業務は必要なのに見落としていたのではないか」といったことも明らかになっていきます。

業務と評価をワンセットとして考え、リンクさせるというそのプロセスこそが重要なのです。

業務の棚卸しさえできれば、新たに評価制度を作り上げるのにさほど時間はかからないはずです。**理念が明確で、業務と評価の紐付けがスムーズに進めば、半年ほどあれば完成する**でしょう。

ただ、評価すべき業務が曖昧である場合は、そちらから教育するための時間も必要なので、数年を要することもあるかも知れません。

自分の評価や給与をオープンにする

人事評価基準を客観的なものにするということは、従業員に対する評価の透明化にもつながります。

日本独自の習慣かも知れませんが、ほとんどの人は自分が給料をいくらもらっているかを他の人に話しません。

それがなぜなのか？　意味がわかりません。**給与明細もどんどん見せればいい**のです。

パートナーへのお小遣いの請求と同じで、自分の報酬を公開しなければ「会社がこんなに儲かっているのに、なんで自分の給料は15万円なのか？」といったアピールもできません。

その結果、「あの部長は仕事もしないのに、たぶんたくさん給料もらっているんだろう」と疑心暗鬼になって、出てくるのは陰口だけです。

私がトヨタ自動車から転職してターンアラウンド・マネージャーを務めたパン製造工場では、実は**全社員の給与をすべてオープンにしました。**

ただ、**時給・分給・秒給を出さないと業務の能率を明らかにできない**ので、「今日はこのメンバーで、時給はいくらです」という表現にしました。その会社の風土にも配慮して総額は明らかにしませんでした。ただ、計算すればすぐにわかることですが。

ともかく、社員の給料はオープンにした方が企業にとっては望ましいのではないでしょうか。

「この人はこんな仕事をしていて、こういう評価だから、これだけ払っている」ということを会社側も従業員側も堂々と公開すればいいのです。

オープンにできない理由はただ一つ。

「評価基準が曖昧だから」です。

経営側の基準が曖昧だから、給与を公開した場合に、「どうしてこの人はこの金額をもらっているのか？」と問われたときに説明できません。

カイゼン思考がないから正当な評価ができないわけです。

本気で組織改革を目指すなら、フルオープンな経営をすべきです。

自分の給料や評価を隠すというのは、日本の企業からなくなってほしい文化の一つです。恥をかきたくないという心理が働くのでしょうが、そうしたマインドが消えないかぎり成長は望めないでしょう。

人事評価を全社員に「見える化」する

パン製造工場のときは何の気なしに給与をオープンにしたのですが、その次に転職したAmazonではそれが当たり前でした。

従業員は独自の職級である「ジョブレベル」というレベルで分けられていて、給与体系はきわめてシンプルです。

レベルは段階があり、年齢や性別などに関係なく自身の能力が評価されることでレベルと給与が上がっていく仕組みです。

したがって、「この人はレベル○だから給与はいくら」というのが一目瞭然でわかります。給与を公開するまでもありません。

さらに、**ジョブレベルを上げる評価制度の一つとして、Amazonでは「360度評価」という厳格な制度を採用**しています。

360度評価では、自分の上司だけでなく、業務でかかわりのある他の部署の担当者や同僚、さらに部下からも評価が下されます。

多方面から評価を行うことによって、上長になれる人材かどうかが判断され、公平性を担保しているのです。

こんなケースがありました。

ある社員が上のレベルの人に対して、「あの人は英語ができない。自分の方が英語力が上だ。それなのに、なんで俺よりもレベルが上なのか？」と直属の上司にクレームをいってよく怒られていました。

「英語ができる、できないだけで評価しているわけではない。言語の壁なんて明るさで乗り越えられるから問題ない。そんなことを評価基軸に置いている時点で、君の評価は低くなるよ」と。

この従業員のクレームの正当性はともかく、このように自分に対する評価について上司と率直にやりとりできるのは、組織としてはきわめて健全でしょう。

○オープン主義評価

経営者の方は、給与をフルオープンにすることと同時に、全社員の評価内容をオープンにすることも考えてみてはいかがでしょうか。

こうした**公開型の人事評価は「オープン主義評価」**ともいわれます。

評価結果だけでなく、評価基準や評価シート、評価のプロセスまで公開し、結果がどのように給与や処遇に反映されるかも明らかにします。

この運用を導入している企業は日本ではまだごくわずかですが、近年、人事評価を公開する企業は徐々に増えてきています。

公開型評価は、多くは成果型の賃金制度と結びついています。成果によって賃金の格差をつけるわけですから、評価基準や評価プロセス、結果をきちんと示さなければ社員は不信感を抱きます。

評価を「見える化」することによって不透明感がなくなり、従業員は評価に納得しやすく、モチベーションの低下を防げるというメリットがあります。

評価に不信感を抱いた社員が陰でコソコソと不平不満をいうような不健全な状態もなくすことができるでしょう。

もし、人事評価の結果をオープンにしたことで従業員にかえって不満を抱かせることになったとしたら、その原因は人事評価の仕組み自体に問題があるか、評価する側のスキルに問題があるかのどちらかです。

人事評価を公開する場合、従業員本人に対するフィードバックは必須のものとなります。

その際、重要なのは、評価項目や評価方法を説明するとともに、それが会社の方針や利益とどう結びつくかを明らかにし、共通の目的意識を持てるように話し合うことです。

これはモチベーションの向上や人材育成の観点からもとても大切なプロセスです。

「実行する」ことで「ゼロイチ力」を身につける

近年、「ゼロイチ力」という言葉をよく聞くのではないでしょうか？

これは文字どおり、**0から1を生み出す力です。世の中に対して、それまでの固定観念をくつがえして、新しい価値や概念を創造し提供する力**のことです。

企業にとっては、ゼロイチ力を発揮することで、これまでになかった事業をスタートさせたり、社会に貢献することができます。

このゼロイチ力はとくにスタートアップ企業には不可欠です。

iPhoneなどの携帯端末やSNSなど、それまでになかった物が生み出されたことで、社会生活やコミュニケーションの形は大きく変わりました。

このように、企業がゼロイチ力によって新しい事業を展開したり、それまでになかったビジネスモデルを生み出すことで、社会に大きなインパクトを与えることができます。

はじめの一歩を踏み出し、それまでになかったものを生み出すゼロイチ力は、企業にとってこれから最も必要とされる力になるでしょう。

ゼロイチ力というと、ごく一部の特別な才能を持ったベンチャー起業家をイメージしたり、企業の新規事業担当者などに当てはまるものと考えられがちです。

ですが、決してそれだけではありません。

もっと大きな意味で、日本の企業の現場全般に当てはまる突破力になるものです。

ビジネスの大小や企業での立場などに関係なく、現在地点から一歩を踏み出すアクションを起こす原動力も**ゼロイチ力といっていいでしょう。**

そういう意味では、「カイゼン思考」はこのゼロイチ力を磨くために必須のコンセプトだといえます。

たとえ、小さな現場でもカイゼン思考によって現状を打破するアクションを起こそうと目論む社員が一人でも二人でもいれば、それがやがて企業全体を巻きこんで前に動かしていく推進力になります。

標準化された人事評価制度を新たに作り出すのもゼロイチ力です。

ゼロイチ力はどんな局面においても必要な力です。

大手の成熟した企業であっても、そこで働く従業員のなかにはゼロイチ力の持ち主は山ほどいます。

伝統と革新という言葉がありますが、歴史の古い会社であっても、その会社を長く続けていくために**ゼロイチ力を発揮できる社員のいる会社はやはり強い**のです。

そのことはトヨタ自動車でも感じました。歴史があり、しかも常にトップを走り続けている理由がよくわかります。社会に新たな価値を生み出す力はどんな企業にとっても必要です。

○行動に勝るものはない

では、ゼロイチ力はどのようにすれば身につけることができるのでしょう?

一つは**「失敗する」とマイナスに考えない**ことです。

「それは失敗するかもしれないが、やってみよう」という感じで一歩を踏み出せるかどうかです。

成功イメージを描くのは大事ですが、初めてやることがそうそう簡単に成功するわけがありません。そんなことは織り込み済みで、それでもなお実行することが大切なのです。やったことがないのだから、うまくいかないに決まっていたとしても、ここで手を出さなかったら一生それを体験することもなく、「自分には無理だ」で終わってしまう。やってみなければわからないことがたくさんあります。頭で考えていても知り得ないから、失敗前提でやるということをお勧めしたいのです。

下手くそでもいいから、とにかく実行すること。

創造とか提案などより、実行すること、行動を起こすことに勝るものはありません。

まさに、トヨタ式カイゼンの「決めたら実行する」。これに尽きます。

たとえ0が1にならなくても、そうしようとしたプロセスそのものは経験として必ず次に生きてきます。

ゼロからイチを生み出す気概をもって、ぜひ行動を起こしてほしい。心からそう願います。

おわりに

カイゼン思考はとても幅広いフレームワークであり、企業の発展段階などによっても内容は異なるため、本書で説明しきれなかったこともたくさんあります。

しかし、その思考回路の一端はご理解いただけたのではないでしょうか。

基本をマスターすれば、いかなる業種・業態・規模の企業にも適合させることができ、あらゆる局面において経営課題を解決するために応用することが可能です。

私はこの国に、より多くの経営者や起業家が増えていってほしいという願いを持っています。

よく、起業や経営は「リスクが高い」と考えられがちです。でも、それは大きな誤解です。

私は、サラリーマンの方がよほど大きなリスクを抱えているのではないかと考えています。サラリーマンは一見安定して見えますが、自分の人生の多くの要素を会社にコントロールされてしまっています。そして、そこにさえ目をつぶれば、思考停止していても生活できてしまう。これは「自分の人生」という長いスパンで考えた場合、リスク以外の何物でもありません。

企業経営にももちろんリスクはあります。でも、目標を達成するためにあえてリスクをとる場面は必要ですし、そのリスクは自分の力で打開していけるものでもあります。

そして、失敗確率をできるだけ低くして事業を成功に導くためには、本書で述べてきた**カイゼン思考を身につけることがマストスキル**だと考えています。

私は企業アドバイザリーあるいはインディペンデント・コントラクター（独立業務請負人）として、さまざまな企業の経営をサポートする仕事をしてきました。

自社の問題を客観視し、等身大で俯瞰するのは案外難しいことです。どうしても近視眼的になってしまい、過大に、また逆に過小にとらえてしまう場合が少なくありません。

そこで、ときには第三者の目を入れるということも必要になるでしょう。

カイゼン思考を基本に、企業が自走できるようになることをサポートする私たちのような存在も頭の隅に入れておいていただければ幸いです。

私はいま、現在の事業と並行し、次のステップとして投資家としてのキャリアを模索しています。

リスクの少ない起業とは何なのか？　本当に豊かな経営とはどういうものなのか？　その答えを得るために、投資家として企業経営にコミットすることも大事だと考えています。また、私は以前から若者支援にも力を入れてきました。若手の起業家や経営者とのコラボレーションを通して、彼らが思う存分に活躍できるような未来が一日も早く到来することを目指していきたいと考えています。

本書を最後までお読みいただき、本当にありがとうございました。

企業経営に携わるすべての方々が、カイゼン思考のスピリットを血肉とし、経営の好循環と事業の継続的な発展を実現できるように願って筆をおきます。

２０２３年９月

川越貴博

経営《けいえい》課題《かだい》をすべて解決《かいけつ》するカイゼン思考《しこう》

2023年11月20日　初版第1刷

著　者――――――川越貴博《かわごえたかひろ》

発行者――――――松島一樹

発行所――――――現代書林

〒162-0053　東京都新宿区原町3-61　桂ビル

TEL／代表　03(3205)8384

振替00140-7-42905

http://www.gendaishorin.co.jp/

デザイン――――――小口翔平＋須貝美咲＋畑中茜＋青山風音（tobufune）

図版――――――松尾容巳子

印刷・製本　㈱シナノパブリッシングプレス

乱丁・落丁本はお取り替えいたします。

定価はカバーに表示してあります。

ISBN978-4-7745-1994-4 C0034